Escrituras del yo en la obra de Miguel de Unamuno

STUDIEN ZU DEN ROMANISCHEN LITERATUREN UND KULTUREN

Herausgegeben von Olaf Müller,
Christian von Tschilschke und Ulrich Winter

BAND 3

Zu Qualitätssicherung und Peer Review der vorliegenden Publikation

Die Qualität der in dieser Reihe erscheinenden Arbeiten wird vor der Publikation durch Herausgeber der Reihe oder andere unabhängige Fachgutachter geprüft.

Notes on the quality assurance and peer review of this publication

Prior to publication, the quality of the work published in this series is reviewed by editors of the series or by other external referees.

Berit Callsen (ed.)

Escrituras del yo en la obra de Miguel de Unamuno

PETER LANG

Bibliografische Information der Deutschen Nationalbibliothek
Die Deutsche Nationalbibliothek verzeichnet diese Publikation
in der Deutschen Nationalbibliografie; detaillierte bibliografische
Daten sind im Internet über http://dnb.d-nb.de abrufbar.

ISSN 0170-9208
ISBN 978-3-631-77736-7 (Print)
E-ISBN 978-3-631-78818-9 (E-PDF)
E-ISBN 978-3-631-78819-6 (EPUB)
E-ISBN 978-3-631-78820-2 (MOBI)
DOI 10.3726/b15557

© Peter Lang GmbH
Internationaler Verlag der Wissenschaften
Berlin 2019
Alle Rechte vorbehalten.

Peter Lang – Berlin · Bern · Bruxelles ·
New York · Oxford · Warszawa · Wien

Diese Publikation wurde begutachtet.

www.peterlang.com

Indice

Introducción

La multiplicidad del yo en Miguel de Unamuno

"Todos nosotros somos yos"[1], advierte Unamuno en su entrevista con Augusto Pérez que se publica en noviembre de 1915 en *La Nación* de Buenos Aires. Y en su ensayo más conocido, *Del sentimiento trágico de la vida*, explica: "La conciencia de cada uno de nosotros, en efecto, es una sociedad de personas; en mí viven varios yos, y hasta los yos de aquellos con quienes vivo."[2] Lo que destaca en estos breves comentarios parece ser no solamente la pluralidad, sino también una sociabilidad del yo. En un segundo plano, se hace evidente igualmente la idea de un sujeto que se autorreflexiona. El yo se ha de entender a partir de esto como el sujeto que entra en relación consigo mismo y con los demás. Lejos de aislarse es un 'yo mediador' que se perfila en muchos escritos de Unamuno nutriéndose de la idea de una subjetividad que se colectiviza y se proyecta hacia el exterior, fuera de la circundación exclusivamente individual y ensimismada. Así, adquiere una función apelativa: se dirige al hombre concreto, al "hombre de carne y hueso"[3]. En su ensayo-carta "Sobre mi mismo. Pequeño ensayo cínico", publicado en 1913, Unamuno deja entrever este alcance ético-sugestivo que subyace en su concepto de una extensión del yo: "El pensamiento le debe servir al hombre para ser él, a mí para ser yo, a cada uno para ser yo, su yo. Y como yo me siento yo, y quiero vivir entre semejantes, entre hermanos, por eso quiero que sean yos los demás."[4]

En esta multiplicidad del yo se diversifican, igualmente, los planteamientos crítico-analíticos. Sin poder exponer y discutir en el marco de esta introducción un amplio panorama de las posiciones críticas que ya se han formulado en torno a la temática de la representación del sujeto en la obra unamuniana, conviene recoger algunas voces a modo de ejemplos paradigmáticos y puntos de referencia o de divergencia.

---

1 Unamuno 1966a: 360.
2 Unamuno 1993: 197.
3 Unamuno 1993: 48.
4 Unamuno 1966b: 302.

En primer lugar, la crítica se ha enfocado a menudo en una supuesta
índole autobiográfica y también psicológica[5] en los escritos de Unamuno.
De esta manera, sobre todo la lectura autobiográfica de la obra unamuniana
constituye un *leitmotiv* que se ha mantenido vigente durante alrededor de
cincuenta años. Así, en 1964 Gullón constata: "El personaje unamuniano
viene de dentro."[6] Diez años después Blanco Aguinaga sostiene que "[...] la
obra de Unamuno puede reducirse en último término a su vida"[7] y Valdés,
en un estudio de 2011, está convencido de que "[...] Unamuno dejó su vida
reflejada en sus escritos."[8]

Ahora bien, al lado de estas posiciones existen otras perspectivas críticas
que amplían el enfoque autobiográfico desarrollando lecturas de una índole
más bien autoficcional y ética, respectivamente. Así, Manuel Alberca lee
el sustrato autobiográfico en la obra de Unamuno en clave utópico-auto-
ficcional y afirma:

> "Si hay elementos autobiográficos, su propósito no es el relato histórico o docu-
> mentado de la vida pasada, sino la autoficción de la vida futura en un deseo de
> dominar el tiempo y el porvenir y de luchar de la única manera posible contra el
> incesante avance de la muerte, desde su particular agonismo vital."[9]

Y en su estudio sobre la dialogicidad en la obra de Unamuno, Iris Zavala,
a su vez, apunta a procesos de la constitución del sujeto que se darían,
particularmente, a partir del modo dialógico. Advierte que

> "Unamuno cuestiona y problematiza el sujeto y el sujeto literario, en orientación
> hacia otras voces; [...] parece evidente que su escritura [...] significa formas de
> creación del ser, de cuidado del yo. Su énfasis en las relaciones entre yo/tú subrayan
> la importancia del diálogo, no solamente en la formación del yo, sino como estruc-
> tura literaria que permite la interacción entre los distintos polos de la conciencia."[10]

El presente volumen pretende entrar en diálogo con estas posiciones persi-
guiendo el argumento de una 'trascendencia autobiográfica' que se insinúa

---

5   Véase Ilie 1980.
6   Gullón 1964: 98.
7   Blanco Aguinaga 1975: 27.
8   Valdés 2011: 33. La subyacente índole autobiográfica de la obra de Unamuno
    ha sido comentada en otras ocasiones. Véase por ejemplo Zubizarreta 1960:
    222, Federici 1974: 46, Fernández 1976: 90 y Gonzalo Navajas 1988: 78.
9   Alberca 2014: 32.
10 Zavala 1991: 28.

en los escritos de Unamuno. Aquí se perfila, por lo tanto, un importante punto de partida común de los ensayos que se reúnen en este libro. De esta manera, observan un yo que se escenifica como heterogéneo, diverso y hasta quebrado; asimismo, enfrentan un yo múltiple que se busca y se explora en perspectiva prospectiva.

Así, los cinco ensayos ofrecen análisis e indagaciones de un continuo de la escritura del yo en la obra unamuniana y sondean representaciones del sujeto que se extienden hacia direcciones y formas diversas, tocando tanto su lado ético como el estético. El término "escritura del yo" se aplica en este contexto como marco conceptual orientador sin restringirse a su referencia primaria: si bien se inspira en el aspecto constitucional que el mismo acto de escribir puede obtener para la configuración del sujeto – idea que Foucault había explorado como "écriture de soi"[11] –, no se limita únicamente a tal alcance ético. Siendo no solamente un yo que escribe, sino también un yo que se escribe a sí mismo y que, al mismo tiempo, se proyecta hacia el exterior nos encontraremos igualmente ante un alcance autorreferencial, metaficcional y metatextual, así como ante nociones lúdicas, antropológicas y sociales que subyacen en los escritos de Unamuno.

Asimismo, en términos genéricos, el volumen concibe una perspectiva abarcadora hacia la temática puesto que los artículos aquí reunidos retoman el enfoque principal para la narrativa, los paratextos, el ensayo, el drama y la lírica unamunianos. Y casi podríamos decir, sitúan agonicamente al sujeto entre conceptos divergentes y hasta opuestos como son la vida, la agonía y la muerte, así como la constitución y la deconstitución. De esta manera, ilustran un amplio panorama de estrategias de la escenificación del yo en la obra de Unamuno.

En su artículo "Identidad y narración. Consideraciones en torno a Unamuno", Manuel García Serrano enfoca una serie de textos narrativos hasta ahora poco estudiados de Unamuno e indaga las condiciones e implicaciones de una "identidad narrativa". En su centro detecta a un sujeto performativo, coparticipativo y autoconsciente que no necesariamente se conforma a lo largo de perspectivas autobiográficas.

---

11 Véase Foucault 1983; 2007.

Donde el paratexto y el texto principal se equiparan, Jan-Henrik Witthaus identifica una escritura refractada del yo en Unamuno. En su artículo "El yo ante el texto y después. Los paratextos novelísticos unamunianos como una escritura refractada del yo", Witthaus explora la transgresión de voces y de yos hablantes que se configura en la dinámica (para)textual de *Niebla*.

En su artículo "Ensayar el yo y experimentar la vida. Sobre algunos autodiálogos ensayísticos de Unamuno", Berit Callsen estudia el modo autodialógico como instrumento autoexplorativo del yo que, sin embargo, se desarrolla y se aplica más allá de meros procesos de introspección o ensimismamiento. El autodiálogo contiene, así su tesis, una base ético-social.

Rike Bolte se adentra en el mundo poético de Unamuno y explora la interrelación que en él conforman miedo y muerte. En su artículo "Nictografías unamunianas: de la muerte pensada a medias al miedo mortal poetizado", Bolte identifica al miedo como instrumento afectivo que sirve de "premeditación" a la muerte. En ello, el yo muchas veces se insinúa como un "yo-otro" que en momentos tiende a desvanecerse sin desaparecer del todo.

En su artículo "La comedia de enredos como provocación contra la filosofía: una lectura hegeliana de *El Otro* (1926)", Mark Minnes demuestra que las reflexiones que Unamuno desarrolla en su obra dramática, y en especial en *El Otro*, en torno al sujeto revelan, por un lado, referencias a la comedia romana, así como a la comedia de enredos. Por el otro, la "metantrópica" de Unamuno se acerca a la filosofía del sujeto concebida por Hegel.

Este volumen debe su origen y producción al trabajo conjunto de una gran cantidad de personas. Quisiera agradecer a Lara Anna Dittmann por su cuidadoso trabajo de lectorado, a Benjamin Kloss y Susanne Hoeves de la editorial Peter Lang por su amable atención y la agradable colaboración así como a Christian von Tschilschke, Ulrich Winter y Olaf Müller por la incorporación de este volumen en la serie "Studien zu den romanischen Literaturen und Kulturen/Studies on romance literatures and cultures". Finalmente, quisiera agradecer profundamente a los colegas por sus valiosas contribuciones y, nuevamente, por las discusiones enriquecedoras que tuvimos en diciembre de 2017 en Osnabrück.

Bibliografía

Alberca, Manuel (2014): "Los unamunos de Unamuno." En: *Clarín*. Año XIX, N°114, pp. 30–36.

Blanco Aguinaga, Carlos (1975): *El Unamuno contemplativo*. Barcelona: Editorial Laia.

Federici, Mario (1974): *La imagen del hombre en la poesía de Unamuno*. Madrid: Fragua.

Fernández, Ángel Raimundo (1976): *Unamuno en su espejo*. Valencia: Bello.

Foucault, Michel (1983): "L'écriture de soi". En: Michel Foucault: *Dits et Écrits*. IV. 1980–1988. Paris: Gallimard, pp. 415–430.

Foucault, Michel (2007): *Ästhetik der Existenz. Schriften zur Lebenskunst*. Herausgegeben von Daniel Defert und François Ewald unter Mitarbeit von Jacques Lagrange. Ausgewählt und mit einem Nachwort von Martin Saar. Frankfurt a.M.: Suhrkamp.

Gullón, Ricardo (1964): *Autobiografías de Unamuno*. Madrid: Gredos.

Ilie, Paul (1980): "La psicología moral en Unamuno". En: Antonio Sánchez-Barbudo (ed.): *Miguel de Unamuno*. Madrid: Taurus, pp. 181–200.

Navajas, Gonzalo (1988): *Miguel de Unamuno: Bipolaridad y síntesis ficcional. Una lectura posmoderna*. Barcelona: Promociones y Publicaciones Universitarias.

Unamuno, Miguel de (1966a): "Una entrevista con Augusto Pérez". En: Miguel de Unamuno: *Obras Completas VIII. Autobiografía y recuerdos personales*. Madrid: Escelicer, pp. 360–366.

Unamuno, Miguel de (1966b): "Sobre mi mismo". En: Miguel de Unamuno: *Obras Completas VIII. Autobiografía y recuerdos personales*. Madrid: Escelicer, pp. 300–303.

Unamuno, Miguel de (1993): *Del sentimiento trágico de la vida*. Introducción de Pedro Cerezo-Galán. Madrid: Espasa-Calpe.

Valdés, Mario J. (2011): "Introducción". En: Miguel de Unamuno: *San Manuel Bueno, mártir*. Edición de Mario J. Valdés. Madrid: Cátedra, pp. 11–109.

Zavala, Iris M. (1991): *Unamuno y el pensamiento dialógico*. Barcelona: Anthropos.

Zubizarreta, Armando F. (1960): *Unamuno en su nivola*. Madrid: Taurus.

Manuel García Serrano

Identidad y narración. Consideraciones en torno a Unamuno

Abstract: The narrative constitution of personal identity does not imply that person-hood can be developed only to the extent that people tell their own stories to others or themselves. Personal identity entails self-consciousness, but does not require a systematic and detailed narration of autobiographical facts and does not really have degrees of maturity or consummation. It involves, however, the permanent activity of an intentional, reflective consciousness which organizes experience as the function of an *act* of putting different representations together as *its* representations: personal identity has an inherent performative character with a primary diegetic structure. A full narrative identity nevertheless goes far beyond the individual subjective sphere, is not univocal and relies upon a receptive and critical linguistic community. Unamuno's insights on this issue emerge at seemingly peripheral areas of his work where a substantial reconstruction is often necessary, but they are highly relevant and very enlightening.

Key words: Narrative, Identity, Apperception, Closure, Unity, Reflexivity, Evaluation

Atribuir una configuración narrativa a la identidad personal no implica entender que esta sólo pueda germinar, afianzarse y espesarse en la medida en que las personas cuenten (o se cuenten) regularmente una historia de sí mismas: la mismidad de cada uno entraña autoconciencia, pero no precisa de una sistemática y pormenorizada relación de hechos de tenor autobio-gráfico, y no posee grados. Una actual identidad personal comporta, sin embargo, la perseverante actividad de una reflexiva conciencia intencio-nal y no es disgregable de esa actividad misma. En razón de la abertura consiguiente, tal identidad tampoco representa pues algo firme a lo que podamos aferrarnos, o a lo que nos quepa renunciar, o por referencia a lo cual determinemos un orden de preferencias o valores[1], sino que ella es en sí consecutiva y expansiva, y se dilata con los propios actos reflexivos. En

---

1 Una concepción de la identidad como base de orientación en esta línea ha co-brado fuerza a través de la obra de Charles Taylor (véase Taylor 1989: 29–30).

virtud del carácter ejecutivo de la identidad personal se vertebra en el curso de esa constante dilatación una preliminar, originaria, estructura diegética, mientras que la plena composición narrativa de la identidad sobrepasa al fin la esfera de la conciencia individual y se sitúa en un marco evaluativo que envuelve a un público y está sujeto a modificaciones y debates. Lo que sobre esta constelación de problemas la obra unamuniana puede decir o ejemplificar (y no es poco) no se halla en verdad en el centro de sus obsesiones más recurrentes y disputadas, sino que emerge en zonas marginales, de manera más bien tangencial, y tiene un acceso indirecto y algo abrupto. Parafraseando la interpretación que del quijotismo en la obra de Cervantes ofrece el propio Unamuno: cabe esperar que la ligera desviación de enfoque que ello demanda no haga, hasta cierto punto, sino revitalizar algunas fecundas ideas del autor, extrayéndolas del sentimental sepulcro en el que él las depositó.[2] Por lo demás nuestra reconstructiva evocación inicial de ciertas ideas de Kant debe mitigar su abstracción, confiriéndoles circunstancialidad, en tanto que las paralelas acotaciones a ideas de Unamuno han de aligerar a estas de carga romántica en su confluencia con aquellas.

La idea central del giro kantiano en la filosofía se funda en una suerte de suspensión del juicio: Kant, por así decir, substrae de la percepción de algo lo que el acto intencional del mirar pone: elimina en eso que nos parece ver las condiciones de sentido que definen la posible veracidad de la visión dada. Lo que resta tras esa substracción es – da a entender Kant – el componente sensible de la experiencia, que nos es deparado a través de nuestra disposición receptiva como efecto causal de un estímulo físico. Si no cerramos los ojos, no podemos eludir la sensibilidad actual de nuestras impresiones visuales, que tras la difícil *epojé* mencionada se nos habrán de presentar, sin embargo, como desordenada e indiferenciada muchedumbre[3]: tal y como ocurre en cierto modo cuando estamos distraídos o abstraídos y no observamos propiamente, aun con los párpados bien abiertos, estados de cosas o sucesos ante nosotros. Las reflexiones de Kant en este punto están encaminadas a determinar, en un proceso inverso, la naturaleza general de

---

2 Véase Unamuno 2007a: 743–758.
3 Kant hablaba de una "Rhapsodie der Wahrnehmungen". Véase Kant 1956: A 156. Herder aludía en parejo sentido al indiferenciado atropellamiento de un "Ozean von Empfindungen" (Herder 2015: 32).

las operaciones entrañadas en una mirada atenta que posibilitan que a partir de ese heterogéneo caos de sensaciones, cualesquiera que sean las circunstancias, se alcance la unidad de un contenido. El plano en el cual de este modo Kant se sitúa es al fin, como bien se sabe, fundamental e inconcreto. La unidad considerada comporta en sí sólo una experiencia posible, esto es, una experiencia con sentido, que bien puede a veces resultar engañosa o fantástica. Pero esa forma de unidad es, se afirma, requisito de toda experiencia y de todos los objetos de experiencia, y con ello también base de todo conocimiento. Kant llama a tal unidad síntesis. El carácter operativo de esta síntesis implica un sujeto, que hemos de contemplar primero como un Yo indeterminado: el Yo, nos dice Kant, del 'yo pienso' concomitante a todas nuestras representaciones. Este pensar es el genérico estado intencional en el que tácitamente se inserta todo 'de-qué', todo contenido: como subyacente 'yo veo (que)', 'yo deseo (que)', 'yo intento (que)', 'yo recuerdo (que)', etc. acompaña a toda aprehensión de algo como algo (algo con la diferenciada cualidad que corresponde entonces a un nombre o a una oración subordinada substantiva) y al fin agrupa momentos intencionales singulares en la integradora intencionalidad de una conciencia continua.

Aun si en este punto Kant para su consideración ante todo en la constitución del mundo físico, y en sus objetos básicos y hechos elementales, el núcleo de la argumentación aducida es extensible al ámbito de la "sociedad civil", en la cual, como encauzamiento de la "insociable sociabilidad" del hombre dentro de la *respublica phaenomenon*, se conforman al cabo los entreverados sucesos de la historia humana.[4] Kant distingue en la síntesis distintas dimensiones coordinadas de un mismo proceso, que cabe así reconstruir en los siguientes términos: en una primera dimensión la unidad de un todo (una casa, pongamos por caso) se configura en el tiempo a través de la retención en una misma conciencia de una variedad de impresiones sucesivas (correspondientes, p. ej., a la puerta de entrada, el paramento, las ventanas, el tejado, así como a las partes de cada una de estas partes) y de la sobrentendida anticipación de potenciales impresiones propias (correspondientes a la fachada trasera, los laterales, la división funcional de cuartos, las escaleras interiores). En una segunda dimensión interviene la imaginación:

---

4 Véase Kant 2014: 364.

que Sócrates vea a un hoplita herido escondido con su casco corintio, su mellada espada y su abollado aspis tras unos espesos arbustos comporta no sólo la retención (como Kant subraya) de cada momento de la escena, sino también un subyacente ejercicio imaginativo que evoca su entrenamiento y sujeción a una disciplina, su llamada a filas y entrada en combate, así como la posible derrota de su falange y su fuga. En una tercera dimensión, entretejida con las otras, se reconoce finalmente lo que se ve (o cada uno de sus aspectos) como muestra de un tipo ya visto y se sintetiza ello bajo un concepto: en su forma más simple, un término denotativo o un predicado, asentados en un espacio lógico de posibles combinaciones sintagmáticas. La imaginación desempeña una función también aquí esencial, pues percibir así a un concreto hoplita entraña, en virtud de las condiciones de satisfacción de la percepción misma, poder imaginarse a otros hoplitas o guerreros con suertes diversas. La abstracción que fundamenta la argumentación de Kant excluye en verdad que, si esta es acertada, la unidad sintética operada por la conciencia pueda ser meramente personal (la propia sólo de Sócrates). No son desveladas, pues, las peculiares habilidades o disposiciones de un individuo, sino condiciones constitutivas de la experiencia empírica de algo. Mas ese argumento da a la par por sentada *la identidad subjetiva* en cada experiencia[5]: para la unidad de la síntesis es menester, en efecto, la unidad de la conciencia. Todos los mencionados actos de cohesión intencional se fundan en la incontrovertida evidencia subjetiva de que las impresiones o representaciones cohesionadas, así como los momentos de la misma acción cohesiva, pertenecen en cada caso a una sola mente. De ello se deriva que no sólo la unidad sintética depende de la identidad de cada mente, sino que esta no cabe sin aquella. La síntesis requiere *autoconciencia* (esto es, una conciencia actual referida, directa o indirectamente, a otros tractos o niveles de conciencia propios como retención, anticipación o imaginación), pero la autoconciencia más elemental consiste en la acción sintética. Esta correlación entre autoconciencia y todo posible conocer subyace tal vez a las reflexiones de Unamuno sobre el simbolismo de la caída de Adán y Eva, quienes al comer el fruto del árbol del conocimiento y abrírseles los ojos se conocieron también a sí mismos, por lo cual, avergonzados entonces de

---

5   Kant 1956: A 117, B 133–138.

su desnudez en el mundo, proyectaron una representación de sí mismos cubriéndose de presto con unas hojas de higuera y, bien conscientes de la precariedad de esa vestimenta provisional, intentaron ocultarse de la mirada divina entre los árboles.[6]

Para bien entender la argumentación precedente es preciso, en cualquier caso, tener muy en cuenta que Kant deniega al Yo en esa función unificadora un carácter sustancial. El latente Yo idéntico que Kant denomina también Yo transcendental y es base de las síntesis comentadas no asume función referencial alguna. No es un Yo denotativo, sino puramente realizativo, del cual, en cuanto cláusula presupuesta, todos los Yos explícitos o flexivos son, cabe decir, anáforas *in actu*: '(Yo digo, aclaro, advierto...que) yo no voy/yo no estoy de acuerdo/yo lo dije etc.' En la continuada acción de ese Yo no objetual se integran como *propios* sucesivos estados de conciencia. La mismidad de tal Yo no depara de este modo un fondo entitativo, sino que se constituye performativamente en la misma acción sintética, como "condición formal" de la cohesión de la experiencia.[7] Quienes en nuestros días afirman que el Yo es una abstracción aciertan al negarle con ello la calidad de substrato concreto y vincularlo al fin a funciones no estrictamente denotativas.[8] Mas al reducirlo a ficción útil enturbian la significación de la acción que aquel envuelve: el Yo performativo no posee función semántica, pero es un presupuesto de la constitución semántica de realidad.

La oscilante ubicación literaria de Unamuno, quien prodigó en su escritura sin solución de continuidad tanto rezagados gestos románticos como fervores antimodernistas y adelantos vanguardistas, parece alejarle sin duda, en diversos órdenes, de la ilustrada sobriedad de un Kant. La melodía que entona Unamuno es más acorde con el anti-sistematismo programático de Kierkegaard y sus filosóficas bellas letras. Pero al menos un aspecto de la intuición kantiana que ahora tan de tropel hemos resumido tiene en la obra del escritor vasco un fructífero reflejo, dando lugar a complejas ejemplificaciones. La unidad de distintas representaciones sensibles como 'pensamientos' no se funda en la atribución de sucesivas cualidades a un invariable yo sustancial, sino en la operación conjunta de un performativo

---

6   Unamuno 1998a: 54.
7   Kant 1956: A 362–363.
8   Véase Dennett 1992: 103–105.

'yo-aquí-ahora'. Por "presente eterno", un concepto que emerge en diversos de sus escritos con distintas acepciones, entiende Unamuno en *Cómo se hace una novela* la continuidad asociada a nuestra inevitable *indexicalidad*: siempre estamos en un fugitivo aquí y ahora, enlazado en su sucesión por la cohesiva egofocalidad de los correspondientes estados intencionales: "el presente eterno, el momento huidero que se queda pasando, que pasa que-dándose."[9] La función deíctica de todo 'ahora' (y de todo 'aquí') presupone la identidad del sujeto que emite o piensa ese 'ahora', y la función cohe-siva de esa identidad está ligada a su vez a su permanente presencialidad y actualidad: "[...] lo provisorio es lo eterno, [...] el aquí es el centro del espacio infinito, el foco de la infinitud, y el ahora el centro del tiempo, el foco de la eternidad."[10] En uno de sus melancólicos poemas, donde ansía tras este permanente desasosiego de la conciencia una quietud de nirvana, habla Unamuno en este sentido del "Vivir el día de hoy bajo la enseña /del ayer deshaciéndose en mañana".[11] Esta inquieta dinámica da lugar a una trabazón característica. Muy expresivamente explica así también en otro lugar: "El ahora es el esfuerzo de antes por hacerse después, el presente el esfuerzo del pasado por hacerse porvenir. [...] Tumba del ayer y cuna del mañana es cada instante nuestro espíritu [...]."[12] En parejo sentido evoca Unamuno durante el destierro en Hendaya su "niñez eterna", per-manente a través de su repercusión en sucesivos momentos que integran en su respectiva actualidad también acciones proyectadas hacia el tiempo futuro de su biografía, reaccionando ante azares y problemas abiertos, en un proceso dual en el cual se hace a la par creador y fruto de sus obras.[13] A la dualidad de autopoiesis y acción sintética (acción que podría igualmente

---

9   Unamuno 2005a: 159.

10   Unamuno 2005a: 175.

11   Unamuno 2002: 856. En el prólogo a *El hermano Juan, o el mundo es teatro* Miguel de Unamuno observa en análoga vena: "[...] en última verdad queda y pasa todo, el paso es de queda, y la queda es de paso" (Unamuno 1996: 481).

12   Unamuno 2011: 19–20. Más adelante, caracterizando a la vida como una crea-ción continua, añade Unamuno que "cada instante [es] acabamiento y principio, cierre de eternidad y arranque de ella" (Unamuno 2011: 46). Una reformulación similar de ambas ideas se encuentra en *Tratado del amor de Dios* (Unamuno 2005b: 559) y (con las mismas palabras) en *Del sentimiento trágico de la vida en los hombres y en los pueblos* (Unamuno 2005c: 357–358).

13   Unamuno 2005a: 213–214, 216, 218, 222.

ejercerse – en la lectura, por ejemplo – sobre las operaciones unificadoras de otros) vincula Unamuno también su idea de "tras-yo", o "yo eterno", o "intrahombre".[14]

La faceta agente de la *apercepción transcendental* comprende en sí, en cuanto requisito tanto de la unidad de la conciencia como de la unidad de los objetos de la experiencia, un elemento deíctico que no cabe reducir a un contenido: el 'yo-pienso' que acompaña, en términos de Kant, a todas nuestras experiencias importa también un 'yo-estoy-ahora-aquí' cuya indubitabilidad en cada caso no es transferible a una forma proposicional impersonal, sin autorreferencias deícticas: para el sujeto ejecutivo ninguna descripción definida de ese hecho puede poseer la misma evidencia. Imaginemos dos Dioses que dispusieran sólo de una omnisciencia de tercera persona, uno de los cuales fuera indulgente con la humanidad y se encontrara el martes en la cima del Sinaí, mientras que el otro fuera riguroso con los hombres y acampara el miércoles sobre el monte Sion. Ninguno de ambos sabría el correspondiente día si él es la deidad benigna o la severa, toda vez que carecen del saber deíctico entrañado en un ejecutivo 'este lugar de aquí es el Sinaí/el Sion' y 'ahora es martes/miércoles'.[15] La impersonalidad de la sapiencia de estos dioses los sitúa en un vacío espacio-temporal donde no sólo no hay, diría Unamuno, "ni derecha, ni izquierda, ni arriba, ni abajo, ni delante, ni detrás"[16], en cuanto dimensiones que se definen por nuestra posición corporal, sino tampoco 'hace un momento' o 'dentro de un rato' o 'esto está pasando'. La síntesis egofocal confiere cohesión a la experiencia a través de una incesante acción anafórica y catafórica que liga reflexivamente cada instante de cogitación propia con precedentes instantes, más próximos o lejanos, anticipando un espacio lógico de enlaces con cogitaciones posteriores, todo ello con grados y urgencias significativos. A esto vincula Unamuno precisamente el *estilo*, en cuanto "manera personal de pensar" que coordina las ideas en su producción hacia atrás y hacia

---

14 Véase Unamuno 1998a: 102; Unamuno 2005a: 217.
15 Este contraste está implícito en la siguiente observación de Kant: "Obgleich das Ganze des Gedankens geteilt und unter viele Subjekte verteilt werden könnte, so kann doch das subjektive Ich nicht geteilt und verteilt werden, und dieses setzen wir doch bei allem Denken voraus" (Kant 1956: A 354).
16 Véase Unamuno 1998a: 154.

delante, con distintos enfoques, "llevándolas con tal o cual rapidez, en línea recta, o en zigzagueos rectilíneos, o en esta o la otra línea curva y con tal o cual curvatura."[17]

Las tres síntesis que antes hemos comentado realizan en su labor conjunta una operación relacional, discursiva[18], la cual comporta unidades *protonarrativas* fundadas en retenciones y prolepsis[19], en reconstrucciones imaginativas y finalmente en juicios. Kant considera un juicio como una función, esto es, como una representación de representaciones, en la que se aúnan como un todo, por lo más común, un predicado y un término denotativo. En la combinación resultante distingue composiciones y conexiones. En las primeras incluye tanto meras yuxtaposiciones como agregaciones extensivas e intensivas de magnitudes homogéneas: que esté lloviendo entraña una agrupación espacial de múltiples gotas de lluvia, así como que haya tormenta implica la continuidad intensiva de una sucesión de fenómenos repetidos: el azote del viento, el resplandor de los rayos, el estruendo de los truenos, la abundante precipitación atmosférica. Por conexiones entiende Kant en cambio relaciones de causa y efecto, así como atribuciones de propiedades contingentes a entidades denotadas.[20] En los antes aducidos ejemplos de síntesis hay muestras de ambos casos. Invariablemente, la identidad del sujeto es condición de la operación sintética al tiempo que esta operación configura esa identidad. Ahora bien, es característico de las consiguientes experiencias unificadas que no constituyan unidades señeras, con una definitiva significación, sino que, muy al contrario, se integren dentro de unidades más vastas en el curso de un dilatado proceso de composición. Tal integración obedece a una diferenciada lógica interna, no facultativa, que da lugar a creencias derivadas (no podemos menos que extraer ciertas conclusiones dado el conocimiento proporcionado por ciertas diferenciadas experiencias), pero también (en el 'uso práctico de la razón') a decisiones (nuestros actos son así motivados por la conjunción de una disposición volitiva o la aceptación de una norma y el incidental hecho de percatarnos de algo) o a emociones (la concatenación de deseos

---

17 Unamuno 1998a: 155.
18 Kant 1956: A 25, A 68.
19 Kant 1956: A 167.
20 Kant 1956: B 202 (nota).

latentes con evidencias actuales depara regocijos o desengaños). Con ello todo van aparejadas evoluciones y mutaciones en las personales visiones del mundo y en los propios planes de vida. Las trabazones particulares que hacen posible la incesante integración adoptan por lo demás grados: algunas adquieren una especial importancia y otras se tornan insignificantes, y el grado correspondiente puede modificarse aún después. La agrupación de sucesivos estados de conciencia en una mismidad impulsa este proceso, pero la integración, y la gradación que ella conlleva, es en conjunto independiente de la voluntad del mismo sujeto. El resultado es una totalidad variante, aglutinada de modo reticular y autorreferencial ("siempre cambiante y siempre la misma"[21]) cuyas constitutivas conexiones de sentido le confieren una estructura *sotonarrativa*.

Son primero unitivas concatenaciones de este jaez las que conducen a Unamuno a comparar la vida con una novela ("la novela que es la vida de cada uno"[22]) y a atribuir a aquella una cohesión libresca (o propia de una leyenda o papel representado, también dice), que equipara en cierto modo la acción sintética de cada sujeto con la de un autor (o un lector participativo):

"Todo es para nosotros libro, lectura; podemos hablar del Libro de la Historia, del Libro de la Naturaleza, del Libro del Universo. Somos bíblicos. Y podemos decir que en el principio fue el Libro. O la Historia. Porque la Historia comienza con el Libro y no con la Palabra, y antes de la Historia, del Libro, no había conciencia, no había espejo, no había nada. La prehistoria es la inconciencia, es la nada."[23]

La realidad histórica se constituye, pues, a través de su reflexiva representación como *libro* o *espejo*, como relato, como "reflexión que cada individuo o cada pueblo hacen de lo que les sucede, de lo que sucede en ellos."[24] Algo parecido sostenía Augusto Pérez al replicar a su criado Domingo, quien intentaba calmar sus fúnebres pensamientos motejándolos de "cosas de libros", que toda cosa y toda persona es precisamente cosa de libros.[25] Y por análogas razones apostrofa Unamuno en *Cómo se hace una novela* a su

---

21 Unamuno 2005a: 177.
22 Unamuno 2005a: 179.
23 Unamuno 2005a: 185.
24 Unamuno 2005a: 186.
25 Unamuno 1999: 291.

lector como "comediante y autor de ti mismo"[26], iterando lo que ya había afirmado también en *Niebla* Víctor Goti de todo hombre, y le recuerda que

> "tu obra eres tú mismo, [...], que te estás haciendo momento a momento, ahora oyéndome como yo hablándote. [...] Somos nuestra propia obra. Cada uno es hijo de sus propias obras, quedó dicho, y lo repitió Cervantes, hijo del *Quijote*, pero, ¿no es uno también padre de sus obras? Y Cervantes padre del *Quijote*. De donde uno, sin conceptismo, es padre e hijo de sí mismo."[27]

Al uso de metáforas tales como "el libro de la historia", "el libro de la vida", "la novela de cada uno" o "la leyenda [del real exilio] de Unamuno" subyace el supuesto de que la generación de condiciones de la experiencia lleva consigo la generación de identidad. Y dada la nueva forma de sintética trabazón a la que ello alude cabe colegir que, más allá de los indefectibles requisitos *protonarrativos* y *sotonarrativos* de la personalidad por él entrevistos, Unamuno sustentó al fin la idea de una identidad ya de todo punto *narrativa*, lo cual le allegaría a una posición que, aun si con muy diversos matices, ha sido propugnada también por muchos después de él. ¿Mas qué constituiría en tal caso lo narrativo, o plenamente narrativo, de dicha identidad? La consiguiente unidad identificativa habría de exhibir los rasgos propios de un *relato*. Ello entraña, por lo pronto, un enlace selectivo entre distintos sucesos por encima de su mero emplazamiento espacio-temporal. La acumulación de referencias a meros estados de cosas o a simples relaciones de antecedencia, simultaneidad o posterioridad no basta, por ejemplo, para conformar este tipo de identidad. Es necesario que dichos estados y dichas relaciones cumplan al menos una *función circunstancial* dentro de una serie de acontecimientos ligada por un *sentido agregativo*. Este sentido entraña una deliberada atención a ciertos momentos de la conciencia y la omisión o desestimación de los demás. La correspondiente agregación abarca diversas dimensiones. Muchos de los sucesos que conforman un relato guardan entre sí una *eminente conexión causal* (Ángela Carballino ingresa en un colegio de monjas de pago porque su hermano Lázaro, quien parece haberse labrado cierta fortuna en América, desea que su formación se complete fuera del rústico ambiente de la aldea y no existe la alternativa, por él deseada, de un colegio laico para chicas). Otros lazos causales no son inmediatos, sino

---

26 Unamuno 2005a: 209.
27 Unamuno 2005a: 216.

retrospectivos. Cuando en una apartada y claustrofóbica isla Tulio Moltalbán revela a Elvira y don Juan Manuel Solórzano su rechazo del personaje público por él mismo en otro tiempo representado se explica así, retardadamente, el oscuro misterio que ha rodeado a Julio Macedo. En una narración hay por otra parte, sin duda, contigüidades accidentales de todo tipo, que sin embargo abren cauce con su circunstancialidad a abigarrados encadenamientos causales. Que don Manuel y Blasillo el bobo habiten en el mismo pueblo es un hecho contingente, pero acarrea sustantivos efectos dentro de la trama de la historia, bien que en conjunción con otros factores decisivos y no como condición suficiente de tales efectos. El hecho de que la Angelina púber tenga una íntima compañera de colegio algo soñadora no representa en el relato siquiera una manifiesta condición necesaria para otras vicisitudes, pero contribuye al afianzamiento de las inquietudes de la joven. Que esta cultivara una semejante relación cordial y que nada de su amiga volviera a oír luego son incidencias que implícitamente expresan, empero, una cuasi necesidad causal: en el agitado tránsito de la vida, sabido es, se hacen amistades que luego sin remedio decaen y se desvanecen.

Entre otros sucesos o sucedidos, en cambio, se aprecia en un relato ante todo una *afinidad temática* o *simbólica*: la sorda pesadumbre de la vida efímera que traspasa toda la historia de don Manuel; la comunidad intemporal, pero local, representada por la antigua villa sumida en las quietas aguas del lago de Valverde de Lucerna, que reflejan también el cielo promisor y a la par se lo tragan y aniquilan. Fuera de esto, ciertos episodios singulares de lo narrado portan valor simbólico con respecto a una amplia totalidad: los sencillos actos 'santificables' de don Manuel (el hecho de que tocara el tamboril para que las jóvenes parejas bailasen, que hiciera de la alegría el más alto deber, que pusiese la conmiseración y el perdón muy por encima de la severidad o el castigo, que hiciera elogio de la simplicidad...) son signo y cifra de su persona: al lector no puede pasársele por la cabeza que en ese largo tiempo que la sucinta relación de Angelina silencia el buen cura se tornara un depravado rufián o practicara el estraperlo. En otras sucesiones y contigüidades en una historia la conexión inmediata ni es de causa a efecto, ni símbolo más o menos encubierto, sino que se funda en la alteración del ánimo a la que una coincidencia o contraste feliz, irrisorio o trágico induce: así cuando el payaso de un títere despierta con su arte las carcajadas del público local justo en el instante en que su mujer, poco más allá, agoniza. La positiva comicidad de la historia de *Un pobre hombre rico* no se basa tampoco en las patentes concatenaciones causales, sino en la inversión que ellas representan: si la desaparición del receloso Emeterio sirve de fatal ocasión para que Martínez se rinda a los encantos de la desairada joven Rosita y tenga con ella una hija, esta misma y la desaparición de Martínez propician que la madura Rosita cautive a un Emeterio que renuncia a todo recelo. Por otra parte, cada relato adopta algún estructurador *enfoque dramático*: el desvivido sacrificio de Gertrudis forma el núcleo conexivo de la narración de *La tía Tula*, y en virtud de esta principalidad el destino de otras figuras contribuye sólo de modo lateral, por indefectible que sea, a la unidad del conjunto. La diferenciada significación estimativa de las vicisitudes de un relato (en este caso, p. ej., el matrimonio de la hermana de Tula, Rosa, o su fallecimiento) se halla correlacionada siempre (también en narraciones de objetividad histórica) con su enfoque, el cual determina parejamente un posible momento de clímax, y la categoría y tono de un desenlace. Este es, por cierto, una expectativa asociada a toda narración, en la cual se funda el abanico de efectos que provocan ex profeso obras con un final abierto o una trama errática. Y permítanme un último apunte: los relatos complejos (y en especial los ficcionales) incluyen en su urdimbre por lo más común analepsis; no obstante, está asociada a ellos una progresión temporal.

Cuando con una retrospectiva se rompe la secuencia cronológica, se cuenta lo de tal modo traído a escena en orden consecutivo, y si en dicho orden se intercala, como es bien posible, una nueva mirada atrás, lo intercalado mira otra vez hacia delante, y así cuantas veces fuere.[28] Esta disposición no determina, en verdad, el transcurso de cada episodio de un relato, pero lo ardua que resultaría su supresión sistemática nos revela algo capital acerca de la función de relatar.

No son todas éstas, sin embargo, notas características ausentes en los planos de composición *protonarrativa* y *sotonarrativa* de nuestra mismidad, los cuales se apoyan, a través de la polarizada atención de un yo ejecutivo o presente eterno, en lazos causales de orden diverso, en analogías simbólicas[29],

---

28 Noël Carroll ha observado en esta línea que las narraciones están articuladas en "a forward-looking manner" (Carroll 2001: 126).

29 El recuerdo del pasado adopta con frecuencia esta forma. La afectuosa paciencia de un allegado puede así estar simbolizada en una sola escena rememorada.

en un enfoque reflexivo, en tematizaciones proyectivas o planes de vida, en gradaciones de significación, en lances con conclusión venturosa o amarga, en golpes de fortuna o contratiempos del azar, y, en fin, en un decurso progresivo, encaminado a la hora suprema. Pero la composición plenamente *narrativa* de la identidad modifica la cualidad de dichas notas en cuanto comporta algo más: un relato *presenta* una *unidad textual* y da por sentado, pues, un *público*. La trabazón protonarrativa y sotonarrativa es inherente a la activa conciencia intencional del sujeto: no es una providencia de este o una opción disponible. El retrato narrativo de una identidad es por el contrario, en cada uno de sus aspectos, una resolución productiva. La consiguiente clase de unidad entraña diversas implicaciones: la selección que el relato lleva a cabo marca un principio y un fin en cuya esfera se estructura un contenido que ha de ser escuchado o leído en un tiempo razonablemente circunscrito. Es fijada con ello una delimitación que no puede ser por completo arbitraria; inicio y término del relato se integran en el sentido del todo y están coordinados de algún modo con la función de las partes. Siendo así que la selección de sucesos realizada podría haber sido otra, y dado que la velocidad narrativa no es la misma en relación a cada uno de tales sucesos, que serán evocados en cada caso de forma más o menos sumaria o prolija, la narración adquiere un especial compromiso de justificación: el relato en conjunto ha de revestir, en efecto, alguna *relevancia*. Tal narración da por supuesta la aligación interna de las operaciones sintéticas ya comentadas, pero admite una perspectiva no autodiegética e incorpora en más vastas órbitas los objetos mundanos a los que se dirigen esas operaciones, o que estas a su vez sobreentienden, así como el conjunto de envolventes estructuras de 'espíritu objetivo' que ciñen, más o menos desapercibidamente, a la conciencia individual, en cuanto punto de intersección de distintas correlaciones[30]. No se opta pues sólo entre múltiples

---

30 La expresión procede de Wilhelm Dilthey: "Jedes einzelne Individuum ist zugleich ein Kreuzungspunkt von Zusammenhängen, welche durch die Individuen hindurchgehen, in denselben bestehen, aber über ihr Leben hinausreichen und die durch den Gehalt, den Wert, den Zweck, der sich in ihnen realisiert, ein selbständiges Dasein und eine eigene Entwicklung besitzen" (Dilthey 1983: 269). Aun cuando Dilthey no pensara ahí en fenómenos de falsa conciencia o autoengaño, no es desatinado afirmar que es por ello posible no sólo que el intérprete entienda la obra mejor que el autor mismo, sino también que entienda al autor mejor de lo que este nunca se entendió.

posibilidades de ordenación y combinación de elementos arquitectónicos, sino también entre alternativos emplazamientos. La biografía que Ángela Carballino pinta de don Manuel tras su muerte concentra la atención en su actividad como párroco de Valverde de Lucena y subraya la aparente contradicción entre el latebroso descreimiento del pastor de almas y su empeño en preservar y alimentar la fe de los feligreses como lenitivo para el breve vivir. Pero parte significativa de la identidad retratada rebasa incluso el confín temporal que marca el óbito e incluye, como signo de culminación de un afán, el aparente benéfico efecto que la memoria del fallecido ejerce aún sobre los vivos, dando impulso a un paradójico proceso de beatificación. Análogo carácter tiene la postrera canonización doméstica de la tía Tula, con el culto familiar a la difunta y la preservación de sus enseñanzas de vida. Unamuno mismo, a su vez, evoca en el prólogo a su *Cómo se hace una novela* los "inefables recuerdos inconscientes de ultracuna", la tradición secular en la que se arraiga aquella obra de circunstancias en forma de novelado diario: las notas autobiográficas del momento se sumen así en un espeso pasado que antecede a la existencia del autor.[31] Por muy indefinido que sea el marco que envuelve a las figuras de Unamuno, lo que en este sentido vale para este, se aplica por igual a aquellas: su respectiva singularidad se dibuja indefectiblemente sobre un trasfondo de esferas de coparticipación.

La base ontológica de la mismidad descansa sobre síntesis primordiales, fundadas en la función focal de un yo ejecutivo y en la irreductible deixis que ello entraña. La identidad personal, ya como configuración plenamente diegética, presupone esa ontología, pero amplía su horizonte y requiere además una audiencia potencial y criterios de significación, en razón de los cuales se espera que el relato correspondiente facilite la clasificación de tipos humanos, y el aquilatamiento de méritos, culpas y suertes en el heterogéneo continuo de una vida y de vidas que se cruzan. Del cabal plano narrativo cabe bien decir así lo que Schleiermacher decía del arte de la interpretación: conlleva una determinación finita a partir de una indeterminación infinita. Dicha determinación puede estar centrada (en conjunto o en algún momento) sobre las facetas más genéricas de las figuras historiadas, ya sea por referencia a su constitución de seres racionales o a su representatividad antropológica.

---

31 Véase Unamuno 2005a: 157.

O puede, por el contrario, focalizarse ante todo en alguna originalidad o particularidad del pensamiento, carácter o acción de tales personalidades.[32] Entre ambas perspectivas no cabe, claro está, esperar una división tajante, sino un matizado escalonamiento (Schleiermacher hablaba de "ein mannigfach abgestuftes"[33]). Una mayor *individuación* no comporta, de todas formas, una mayor identidad: dentro del esquema expuesto esta no posee grados, y la ostenta tanto el sujeto corriente como el excepcional. De la multitud de determinaciones posibles no se deriva, por otra parte, que toda determinación narrativa valga, o que unas no sean más ricas de contenido que otras. Ángela Carballino abriga la pretensión de referir en su sucinto retrato de don Manuel nexos esenciales. Como narradora da a entender incluso que en esa concisión están ya encuadrados los hechos más definitorios de su propia personalidad, para la cual el acercamiento a don Manuel se erige en acontecimiento primordial.[34] Todo lo contrario ocurre con el misántropo relator de *La novela de Don Sandalio, jugador de ajedrez*, quien muy deliberadamente hace historia de acaecimientos accesorios en la vida del retratado, en cuyo meollo se niega de medio a medio a penetrar: todo se reduce a los escasos y taciturnos encuentros de ambos hombres ante el tablero y a la imaginativa (o inventiva) atribución de una suerte de profunda perspicacia moral al mutismo de don Sandalio frente a un mundo plagado de tonterías. La fugaz reseña de la muerte del hijo de don Sandalio, del ulterior encarcelamiento de este y de su fallecimiento final no cimenta una trama central, pero abre sin embargo un muy significativo hueco que explica, como fatalidad imponderable y acaso nada insólita, la extática concentración del jugador en los solos problemas que las maniobras del juego en cada ocasión ofrecen, situándole "más allá del bien y del mal".[35] Y así ello al cabo confiere a esa oblicua selección narrativa – que aun podría ser una autobiografía ejemplar – una importancia inesperada: ante la fatal seriedad de la vida la falta de seriedad de un juego estratégico adquiere una seriedad de segundo grado.

---

32 Véase Schleiermacher 1977: 80–83.
33 Schleiermacher 1977: 89.
34 "A un hombre de verdad se le descubre, se le crea, en un momento, en una frase, en un grito. Tal en Shakespeare. Y luego que le hayáis así descubierto, creado, lo conocéis mejor que él se conoce a sí mismo acaso" (Unamuno 1995a: 196).
35 Unamuno 1995c: 372.

Aun cuando Unamuno establece repetidas veces, como hemos visto, una analogía entre la constitución de la identidad personal y la forma de una novela, señala a la par que la vida no tiene argumento: esto es, está abierta en su mudanza – inconciliable con la apocatástasis de la visión beatífica – a giros insospechados y finalidades nuevas; aun agotada, no posee una única línea temática, y muchas de las líneas que dibuja se difuminan y confunden.[36] Esto entraña que la cadencia emocional que, como proporcionada distribución de acentos diegéticos, coadyuva a la unidad de un relato sólo determina fases o facetas de una identidad personal, retazos biográficos que cabe ofrecer a un público en la medida en que una emoción resolutiva les da remate: la tristeza o contento, p.ej., que cierran la relación de un acaecimiento o una empresa cuyo inicio respectivo ha generado alguna expectativa, y cuyo transcurso y final están por ello sujetos a una valoración.[37] Ello no lleva consigo, empero, una disgregación completa. Unamuno podía distanciarse de su obra y personalidad pretéritas, acentuando el asombro ante aspectos de lo hecho o sido que se le habían tornado 'ajenos', al tiempo que reconocía la relevancia de esos aspectos como aspectos de *su*

---

36 En relación a los problemas que esa idea de apocatástasis plantea a la continuidad de identidad personal, véase Miguel de Unamuno 2005c: 386–428 y 604–613, así como Unamuno 2011: 53. Que la vida no tiene argumento es una idea expresada por Unamuno en *Cómo se hace una novela:* "la vida humana no tiene tuétano, carece de argumento" (Unamuno 2005a: 180); "Esta novela y por lo demás todas las que se hacen y no que se contenta uno con contarlas, en rigor, no acaban" (Unamuno 2005a: 208). En *Alrededor del estilo* sostiene Unamuno que la historia de la vida en rigor no se enmarca (Unamuno 1998a: 114) y explica: "Y es que se olvida que la historia acaso tiene su fin – o, mejor, su centro – en sí, o sea, que no tiene fin, que empieza y acaba en cada momento, que no es drama con enredo, nudo y desenlace" (Unamuno 1998a: 126). En "A lo que salga" se expresa también esta exhortación: "Hay que dejar siempre suelto el cabo de la vida. Sólo en la ficción novelesca empiezan por completo y por completo acaban las cosas" (Unamuno 2007b: 705). Los cambios temáticos en el hilo biográfico son también objeto de comentario en el proemio antepuesto a "Un cuentecillo sin argumento": "La vida humana tampoco tiene argumento, ¿quién sabe lo que será mañana? Las cosas vienen sin que sepamos cómo y se van del mismo modo" (Unamuno 1995b: 693).

37 En la diferenciada contribución de cadencias de ese tipo a la unidad narrativa y en su orientación a un público ha hecho hincapié J. David Velleman en Velleman 2019: 185–206.

pasado, y con ello una lejana y contrastante determinación de la tonalidad de su presente.[38] Pues, después de todo, cada uno es lo que fue en el modo de realidad de haberlo sido (ser exmarido o exministra son sólo expresas institucionalizaciones de este hecho). Por lo demás, los recuerdos autobiográficos implican, sea cual fuere su tenor, que quien tuvo una experiencia es también quien ahora la recuerda. En realidad que nuestro lejano ayer nos sorprenda o resulte extraño, o que lo repudiemos, no entraña una menor continuidad que advertir que acabamos de cometer un mayúsculo e incomprensible disparate o de incurrir en una lamentable impertinencia, impropia de nosotros: en todas estas situaciones la reflexividad del distanciamiento determina en éste alguna modalidad específica bajo el aspecto de la mutabilidad, la madurez, la vergüenza o la turbación propias.[39] Fuera de esto es obvio que prominentes elementos de la actualidad de uno arrastran un peso de atrás y están conformados, justo en su principalidad, como "habiendo sido siempre". No sólo el sol de cada día o el frío de todos los inviernos: como perpetua siente Joaquín Monegro también la carga de su envidia hacia Abel Sánchez, al igual que el melancólico Manuel Bueno su consolativa obligación con Valverde de Lucerna, o la anciana Tula su

---

38 Unamuno describe la impresión de auto-extrañamiento en un narrativo ejercicio de distanciación en tercera persona: "Fue singular y desasosegador el efecto que le produjo leerse como a un extraño, leer sus escritos como si lo fueran de otro. Este desdoblamiento de su persona recordole otra escena de pasajero desdoblamiento de sí mismo, de la que no se acordaba sin escalofríos, y fue ello cuando, mirándose a la mirada en un espejo, llegó a verse como a otro" (Unamuno 2007c: 609). En toda la obra de Unamuno abundan por los demás los recuerdos y la reflexividad sobre los pasos dados. De sus primeros años, anteriores a su experiencia del sitio carlista de Bilbao, hace remembranzas muy vivas, pero inevitablemente dispersas: "El bombardeo de la villa marca el fin de mi edad antigua y el principio de mi edad media. De antes de él apenas conservo sino reminiscencias fragmentarias; después de él viene el hilo de mi historia" (Unamuno 1998: 75).

39 La discrepancia reflexiva (el verse a sí mismo como otro) se puede muy bien extender a inquietantes anticipaciones de nuestro futuro: así cuando uno se imagina como anciano con facultades mentales ya muy debilitadas, postrado en una silla de ruedas (véase Goldie 2014: 122–123). La distancia concebida no hace entonces irracional – más bien todo lo contrario – que arbitremos medidas de prudencia para aplacar los rigores de esa potencial situación. Goldie argumenta por extenso contra la idea de que la identidad requiere un núcleo estable de rasgos actitudinales o empatía con el pasado propio (véase Goldie 2014: 128–146).

servidumbre de tía maternal. Pero el problema que aún aflora es el siguiente: las historias parciales de una vida (el destino de Julio Macedo en la isla en la que se enamora de Elvira; la existencia del singular cronista de las postrimerías de don Sandalio durante la redacción de la breve crónica) han de fusionarse en la integridad de esa vida, mas la resultante unidad narrativa opugna esa misma fusión en la medida en que precisa por fuerza de otra estructura (como planteamiento, nudo y desenlace) que la que conforma la unidad de los elementos que en ella han de ser fusionados. En el orden narrativo la cohesión del todo no se reduce a una agregación de unidades ya cohesionadas, sino que da lugar a un enfoque y timbre propios, y a una consiguiente nueva ponderación de los elementos componentes.[40] En relación a relatos de partes de una vida, el todo del relato de una vida no es más que las partes, sino solo disímil a ellas.

Que uno planifique su curso vital como una totalidad, con un fin central, o que adopte una actitud fundamentalmente reactiva, de a lo que salga, no altera en cualquier caso la forma de cohesión sintética ya analizada, la cual no requiere un reflexividad superior: se halla implantada, verbigracia, tanto en la vida a salto de mata del pícaro Lázaro como en la planificada existencia de un San Agustín. Pero ello confirma que la propensión autonarrativa de distintos sujetos puede ser muy dispar. Algunas personas son sobremanera recapitulativas y perseveran en la reconsideración de su pasado, escudriñando un sentido unitario en amplias fases de lo acontecido o sometiéndose a sí mismas a una severa rendición de cuentas. Otras, en cambio, viven al día, sin volver la mirada atrás, exentas tal vez tanto del orgullo de lo hecho como de escrúpulos de conciencia.[41] Es evidente que

---

40 Louis O. Mink contemplaba esta dificultad en relación a las historias parciales que se pretende integrar en una historia universal (véase Mink 1978: 142–144).

41 Marya Schechtman ha sostenido que el primer grupo de personas alcanza (si es fiel a los hechos) una identidad más firme y representa un ideal que ha de ser favorecido (véase Schechtman 1996: 93–135). Pero esto implicaría otorgar al disciplinado redactor de un diario íntimo una identidad sobresaliente frente a toda persona que tras sus agobios cotidianos no se detenga en momentos tan recapitulativos. Por ello la dicotomía entre una autovisión de base diacrónica y una autovisión de base episódica ha sido considerada ya en nuestros días simple reflejo de índoles de carácter y, en general, poco indicativa (véase Galen Strawson 2004).

este último tipo de personas existe, que con harta frecuencia los relatos autobiográficos de las personas del primer tipo son engañosos o simplemente
estas se engañan, y que en cualquier caso ninguna autobiografía o biografía
puede pretender tener la última palabra y agotar lo que de relevante pueda
ser referido al respecto (pues la propia relevancia depende de la variable
audiencia histórica a la que se aborda, de consiguientes espacios de debate
o conversación, y del restringido tiempo de todo leer o escuchar). Si la
identidad personal posee una plena configuración narrativa, esta no podrá
equipararse entonces ni a un acto de narrar, por complejo y escalonado que
sea, ni al contenido de una narración concreta (la vida no tiene, en efecto,
un argumento). Unamuno contemplaba la identidad personal como un oscilante proceso: la tonalidad narrativa del pasado efectivo está predefinida,
sin perjuicio de toda su contingencia, por la antecedente proyección de un
futuro posible como promesa o ambición (luego hecha realidad, frenada o
incumplida); y la voluntad del presente anticipa a la par el curso del incierto
porvenir al fraguar planes o abrigar buenos propósitos, o aun al capitular
de antemano, desalentadamente, ante el azar de lo que venga. Esta intuición es en buena medida la que conduce a Unamuno a iteradas hipérboles
retóricas que equiparan ser y querer ser (o querer no ser), confiriendo a la
volición una especial eminencia.

> "Y digo que además del que uno es para Dios – si para Dios es uno alguien –, y
> del que se cree ser, hay el que quisiera ser. Y que éste, el que uno quiere ser, es en
> él, en su seno, el creador, y es el real de verdad. Y por el que hayamos querido ser,
> no por el que hayamos sido, nos salvaremos o perderemos."[42]

Ello liga la configuración narrativa de la identidad en primer lugar a la responsabilidad moral, pero también a toda determinación del tono dramático
de una vida, o de las partes de una vida: "Don Quijote discurría con la
voluntad, y al decir «¡yo sé quien soy!», no dijo sino «¡yo sé quien quiero
ser!»".[43] Entender quien es don Quijote implica entonces no simplemente
la concreción de hechos mondos, sino una mirada selectiva que tiene en
cuenta las expectativas quijotescas y busca para la síntesis cohesiva de lo
que ve una adecuada declamación y concepción escénica. El buen hidalgo,
que abriga un ideal extemporáneo, aspira a dar una textura épica a los

---

42 Unamuno 1995a: 194.
43 Unamuno 1998c: 190.

hechos consumados en sus peripecias, pero Cide Hamete Benengeli juzga tal
vez más congruente contemplarlos desde una perspectiva cómico-satírica,
mientras el propio Unamuno (con otro horizonte ético) cree atisbar en ellos
después de todo los rasgos de una tragedia heroica ligada al ansia de fama
perenne. El fondo diegético de una mismidad va concatenado así finalmente
a una extensión del ya mentado básico precepto hermenéutico: para que
una existencia resulte comprensible es menester detectar no sólo ideas, sino
también, cuando menos, apetencias, temáticas intenciones subyacentes y
decisiones, aun si no siempre bien conciliadas, y reconocer cómo son ellas
satisfechas, llevadas a la práctica o desbaratadas, y cómo se ajustan al cabo
a modelos normativos o los contradicen, en un curso en el que se ha de
dar por sentado que la reflexiva conciencia de esos desenlaces fundamenta
que se alberguen nuevos deseos y propósitos y se ejecuten otros actos.[44]
Todo ello de tal modo que, en sucesivos momentos y periodos (el prolon-
gado verano del aún emprendedor Caballero de la triste figura, el breve y
ya alicaído lapso de tiempo del ilusorio pastor Quijotiz), al intérprete le
quepa imprimir una modulación armónica a un conjunto. Para el buen
entendedor la identidad narrativa que él discierne no refleja simplemente
una posible actitud introspectiva, ni supone una recomendable medida de
orden y control sobre uno mismo, o un presupuesto de la vida responsable
o virtuosa: es el evaluable resultado de la imperiosidad de pensar, querer
y decidir en marcos de circunstancias, opciones y consecuencias ya en sí
narrativamente definidos.

Bibliografía

Carroll, Noël (2001): "On the Narrative Connection". En: Noël Carrol (ed.):
    Beyond Aesthetics. Cambridge: Cambridge University Press, pp. 118–133.

Dennett, Daniel (1992): "The Self as a Center of Narrative Gravity". En:
    F. S. Kessel/ P. M. Cole/ D. L. Johnson (eds.): *Self and Consciousness:
    Multiple Perspectives*. Hillsdale: Erlsbaum, pp. 103–115.

---

44 El desdichado don Avito observaba en *Niebla* que "la ilusión, la esperanza,
    engendra el desengaño, el recuerdo, y el desengaño, el recuerdo, engendra a su
    vez la ilusión, la esperanza" (Unamuno 1999: 173).

Dilthey, Wilhelm (1983): *Texte zur Kritik der historischen Vernunft.* Göttingen: Vandenhoeck & Ruprecht.

Goldie, Peter (2014): *The Mess Inside. Narrative, Emotion, & the Mind.* Oxford: Oxford University Press.

Herder, Johann Gottfried (2015): *Ursprung der Sprache.* Stuttgart: Reclam.

Kant, Immanuel (1956): *Kritik der reinen Vernunft.* Hamburg: Felix Meiner.

Kant, Immanuel (2014): *Der Streit der Fakultäten.* En: Immanuel Kant: *Schriften zur Anthropologie, Geschichtsphilosophie, Politik und Pädagogik 1.* Frankfurt a. M.: Suhrkamp, pp. 261–393.

Mink, Louis O. (1978): "Narrative Form as a Cognitive Instrument". En: Robert H. Canary/ Henry Kozicki (eds.): *The Writing of History. Literary Form and Historical Understanding.* Madison: The University of Wisconsin Press, pp. 129–149.

Schechtman, Marya (1996): *The Constitution of Selves.* Ithaca: Cornell Univesity Press.

Schleiermacher, Friedrich Daniel Ernst (1977): *Hermeneutik und Kritik.* Frankfurt a. M.: Suhrkamp.

Strawson, Galen (2004): "Against Narrativity". En: *Ratio (new serie),* XVII, pp. 428–452.

Taylor, Charles (1989): *Sources of the Self. The Making of the Modern Identity.* Cambridge, Massachusetts: Harvard University Press.

Unamuno, Miguel de (1995a): *Tres novelas ejemplares y un prólogo.* En: *Obras Completas II.* Madrid: Biblioteca Castro, pp. 187–292.

Unamuno, Miguel de (1995b): "Un cuentecillo sin argumento". En: *Obras Completas II.* Madrid: Biblioteca Castro, pp. 693–696.

Unamuno, Miguel de (1995c): *La novela de Don Sandalio, jugador de ajedrez.* En: *Obras Completas II.* Madrid: Biblioteca Castro, pp. 347–383.

Unamuno, Miguel de (1996): *El hermano Juan, o el mundo es teatro.* En: *Obras Completas III.* Madrid: Biblioteca Castro, pp. 461–548.

Unamuno, Miguel de (1998a): *Alrededor del estilo.* Salamanca: Ediciones Universidad de Salamanca.

Unamuno, Miguel (1998b): *Recuerdos de niñez y de mocedad.* Madrid: Alianza.

Unamuno, Miguel de (1998c): *Vida de Don Quijote y Sancho.* Madrid: Cátedra.

Unamuno, Miguel de (1999): *Niebla*. Madrid: Cátedra.

Unamuno, Miguel de (2002): *Cancionero*. En: *Obras Completas V*. Madrid: Biblioteca Castro, pp. 1–859.

Unamuno, Miguel de (2005a): *Manual de quijotismo. Cómo se hace una novela*. Salamanca: Ediciones Universidad Salamanca.

Unamuno, Miguel de (2005b): *Tratado del amor de Dios*. En: Miguel de Unamuno: *Del sentimiento trágico de la vida en los hombres y en los pueblos y Tratado del amor de Dios*. Madrid: tecnos, pp. 517–628.

Unamuno, Miguel de (2005c): *Del sentimiento trágico de la vida en los hombres y en los pueblos*. En: Miguel de Unamuno: *Del sentimiento trágico de la vida en los hombres y en los pueblos y Tratado del amor de Dios*. Madrid: tecnos, pp. 93–515.

Unamuno, Miguel de (2007a): "Sobre la lectura e interpretación del *Quijote*". En: *Obras Completas VIII*. Madrid: Biblioteca Castro, pp. 741–758.

Unamuno, Miguel de (2007b): "A lo que salga". En: *Obras Completas VIII*. Madrid: Biblioteca Castro, pp. 691–705.

Unamuno, Miguel de (2007c): "Intelectualidad y espiritualidad". En: *Obras Completas VIII*. Madrid: Biblioteca Castro, pp. 605–620.

Unamuno, Miguel de (2011): *Mi confesión*. Salamanca: Sígueme.

Velleman, J. David (2009): *How We Get Along*. Cambridge: Cambridge University Press.

Jan-Henrik Witthaus

El yo ante el texto y después. Los paratextos novelísticos unamunianos como una escritura refractada del yo

Abstract: This article focusses on the linguistic-philosophical implications observable in the masquerade of identities and figures in *Niebla*, written by Miguel de Unamuno in 1914. The main argument consists in the observation that the confusion of different levels of reality, achieved through the interplay of different paratexts and avatars, is counterbalanced by an identical rhetorical style, that is to say, the predominance of a spontaneous, dialogic, and oral tone that underlies, as a sort of phonocentrism, the polyphony of the text.

Key words: Linguistic Scepticism, Duplication, Irony, Dialogism, Rhetoric Resources, Transgression, Emotions

> *El manuscrito original no contiene guarismos o mayúsculas. La puntuación ha sido limitada al la coma y al punto. Esos dos signos, el espacio y las veintidós letras del alfabeto son los veinticinco símbolos suficientes que enumera el desconocido.*
>
> Jorge Luis Borges, "La biblioteca de Babel"

1. Introducción

Según el teórico de la literatura francés, Gérard Genette, los paratextos deben ser comprendidos en un sentido más amplio de la palabra. Para Genette las medidas paratextuales son todas aquellas que sirven para acompañar y proteger los textos que en otras épocas "a veces circulaban en un estado casi rústico"[1], es decir los textos en su supuesto estado original. Eso significa asimismo, que todas las intervenciones paratextuales deben ser consideradas como elementos constitutivos del texto. "En este sentido" – y cito a Genette – "sin duda se puede afirmar que no existe, y jamás ha existido,

---

1 Genette 2001: 9.

un texto sin paratexto".[2] Es obvio – al menos el propio Genette no deja lugar a dudas – que tal estado cero no es nada más que un ente ficticio, o al revés no es nada menos que el resultado de una reconstrucción que siempre presupone bien el estado final, bien un estado posterior del texto. Si aceptamos esta condición previa y nos ponemos de acuerdo sobre este estado natural o 'salvaje' de la textualidad, prácticamente toda intervención tipográfica puede ser considerada como una medida paratextual ejercida por la soberanía del autor mismo o de un editor competente, empezando por el marcar apartados y terminando por la redacción de prólogos o epílogos. Todo este complejo de paratextualidad parece indicar que el texto debe ser protegido de las interpretaciones ajenas, las cuales, desde unos célebres párrafos del *Phaidros* de Platón, representan los fantasmas que persiguen a los pobres autores.

En un primer paso quisiéramos indicar que, por un lado, en la vasta obra de Unamuno se encuentran párrafos que expresan ciertos recelos hacia las intervenciones paratextuales, particularmente cuando se trata de medidas tipográficas para atribuirle significados *a posteriori*. En un segundo paso veremos que estos recelos deben calificarse más bien como ambivalencias, puesto que por el otro lado, Unamuno se sirve extensamente de prólogos y epílogos para borrar las delimitaciones entre los mundos ficticios y los mundos llamados reales.[3] Veremos que particularmente la utilización de personjes ficticios – como en el prólogo de Víctor Goti que precede a la novela *Niebla* – ayuda a distanciar o a objetivizar los textos emanados de la propia pluma. En tercer lugar expondremos que el hecho de que unos personajes sean ficticios o no, no afecta en absoluto a la hechura del texto que en el caso concreto, por sus dimensiones emocionales y sus recursos retóricos, puede ser denominado como una escritura refractada del yo. Es decir, el yo unamuniano como producto literario y estético se articula y vuelve a aparecer a través de ficciones y realidades. Se hace referencia pues a la tesis del estudio

---

2   Genette 2001: 9.
3   Véase Gómez Trueba 2009: 51–55. Rafael Dueñas (2000) ofrece una lectura descontructivista de los prólogos de *Niebla*, haciendo hincapié particularmente en la relación de poder entre el autor y el prologuista ficticio. Véase en este contexto asimismo Navajas (1992). Recientemente se ha publicado un estudio cuyo autor enfoca los juegos ficticios unamunianos desde la teoría de la recepción, véase Álvarez Castro (2015).

ya clásico de Ricardo Gullón, no tanto con respecto al contexto biográfico, sino bajo un aspecto más bien formal. Gullón propuso que "los personajes de Unamuno son, en parte o en todo, Unamuno."[4] Nuestras lecturas no llegan a estas alturas de pericia y erudición, no obstante pretendemos redescubrir a partir de los paratextos unamunianos y sus atributos estilísticos una escritura del yo que quizás pueda extenderse a sus textos literarios.

2. El paratexto como pantomima del texto

En muchas afirmaciones de Unamuno se puede descubrir lo que podría calificarse como escepticismo sobre la literalidad. Son numerosas las citas que podrían compilarse en que se hace palpable la inquietud que le causa la pérdida de control que conlleva la escritura como medio de comunicación. Su propio estilo puede ser considerado como la respuesta al problema, que le plantea el dirigirse a un público anónimo y, a menudo, poco cultivado. Se intuye ahí la antigua irritación socrática ante las palabras que se independizan de su autor y sus intenciones originales. En concreto, en su articulo "Sobre la lectura", Unamuno busca un medio neutro para fijar el lenguaje, sin que la letra emanada de la pluma, es decir la caligrafía como recurso de expresión óptica intervenga en el proceso de recepción. En este sentido, para Unamuno la máquina de escribir sirve para liberar al autor de todo fetichismo por parte de sus lectores que se esfuerzan por generar interpretaciones a partir de los manuscritos hallados en su taller.

"Considero la máquina de escribir como una maravillosa y beneficiosísima invención, y creo que deberíamos adoptarla los escritores todos para no tener letra, y de paso ganarían no poco los cajistas y regentes de las imprentas, pues abundan los escritores que no se avergüenzan de escribir mal."[5]

---

4 R. Gullón 1964: 205. En cuanto a la interdependencia que existe entre la identidad de los personajes y la narratividad en *Niebla* véase García Serrano (2014): 135–138. Es cierto que la modelación de las figuras de *Niebla* se aleja del paradigma realista (véanse Mecke 2010: 49–51; G. Gullón 2002: 32). Al comienzo de la obra, la figura de Augusto Pérez está descrita efectivamente como figura literaria: "quedóse un momento parado en esta actitud estatuaria y augusta" (Unamuno [34]2002: 65). Sin embargo, especialmente la figura del protagonista se desarrolla y cobra más vida mediante la articulación de su discurso, es decir al dialogar con las otras figuras o al pronunciar sus soliloquios a lo largo de la novela.

5 Unamuno 1966a: 1236.

El sintagma "escribir mal" no únicamente equivale a tener mala letra. Significa, además, escribir como si no hubiera letra ninguna. La máquina de escribir ayuda a mantener un estado original del texto que se corresponde con sus calidades orales. El buen escritor debe encontrar los medios de expresión únicamente en el conjunto de los recursos lingüísticos y retóricos, sin uso de instrumentos gráficos.

En este contexto el primer prólogo de *Niebla*, supuestamente escrito por Víctor Goti, nos parece muy idóneo para ilustrar este escepticismo paratextual que encontramos en el mencionado prefacio de *Niebla*. Cuando llegamos al punto de enfrentarnos a un texto publicado ya no puede tratarse de los medios caligráficos o tipográficos que motivan la inquietud del autor vasco. Son los medios paratextuales como las mayúsculas, los subrayados o las bastardillas. En este sentido Goti cita a don Miguel[6]:

> "Y además porque me encocoran y ponen de mal humor los subrayados y las palabras en bastardilla. Eso es insultar al lector, es llamarle torpe, es decirle: ¡fíjate, hombre, fíjate, que aquí hay intención! Y por eso le recomendaba yo a un señor que escribiese sus artículos todo en bastardilla para que el público se diese cuenta de que eran intencionadísimos desde la primera palabra a la última. Eso no es más que la pantomima de los escritos; querer sustituir en ellos con el gesto lo que no se expresa con el acento y la entonación."[7]

Aquí se comenta el caso en que los medios gráficos son usados para sustituir los medios retóricos, es decir orales de un mensaje emitido de un autor. Entendemos además que don Miguel considera posible la escritura que conserve estos atributos orales, incluso cabe formular: auténticos del discurso autorial. Es cierto que Unamuno mismo se sirve de recursos tipográficos de vez en cuando, por ejemplo cuando – como indica Goti – escribe "Kultura con K mayúscula".[8] Del mismo modo observamos que en otras ocasiones Unamuno dedicó abundantes reflexiones a la simplificación de la ortografía española, al tematizar las reglas que corresponden con la lengua hablada – medida adecuada que ayudaría a debilitar las fronteras sociales costruidas por la cultura escrita y el acceso a las instituciones escolares. El

---

6   Edición citada: Unamuno [34]2002.
7   Unamuno [34]2002: 45.
8   Unamuno [34]2002: 45. Véase "Conclusión. Don Quijote en la tragicomedia europea" en *Del sentimiento trágico de la vida*, Unamuno 1988: 287–317.

personaje de Don Fermín en *Niebla* – si bien de un modo irónico – se hace eco del artículo unamuniano, cuando exclama "que hay que escribir el castellano con ortografía fonética."[9] Especialmente las consonantes mudas, y la capacidad de dominar sus reglas se convierten en señas erigidas como barreras entre los grupos sociales[10]: "La hache es el absurdo, la reacción, la autoridad, la edad media, el retroceso! ¡Guerra a la hache!"[11]

Tanto las erupciones emocionales de don Fermín como las intervenciones unamunianas en el prólogo no dejan de articular cierta ironía. No obstante, volviendo al párrafo citado más arriba, éste ejemplifica muy bien las calidades orales del texto: Víctor Goti cita a Unamuno que habla como si fuera entrevistado. En esta cita don Miguel emplea la prosopopeya, evoca un diálogo con otro señor, y pone de manifiesto su encono, a propósito, no sin renunciar a medios de puntuación como el signo de exclamación.

3. El paratexto como subgénero, el ejemplo de *Niebla*

Sin embargo, cuando se trata de prólogos o epílogos de los libros de Unamuno, no se confirma lo que antes denominabamos como escepticismo paratextual unamuniano. Los lectores de obras unamunianas encontramos una proliferación abundantísima de prefacios, epitafios, oraciones fúnebres etc. En este contexto nos gustaría hacer hincapié en la observación de que en estos casos en su gran mayoría no se puede hablar propiamente del carácter suplementario del texto, como Genette describe la paratextualidad en la obra citada arriba. No son pantomima textual. Los prólogos forman parte de los textos llamados principales, son medidas de descentrar los núcleos textuales. En el artículo "Entrevista con Augusto Pérez" (1915) por ejemplo hallamos la siguiente afirmación: "¿Por qué no ha de hacer uno una obra que toda ella sea prólogo o prefacio? Los libros mejores no son sino prólogos. Prólogos de un libro que no se ha de escribir jamás, afortunadamente."[12]

---

9   Unamuno ³⁴2002: 106.
10 Véase Unamuno 1966b.
11 Unamuno ³⁴2002: 106.
12 Citado por: Teresa Gómez Trueba 2009: 51.

Con esto se contradice lo que escribe Víctor Goti en su prefacio a *Niebla*, a saber, que "en rigor los libros más se compran por el cuerpo del texto que no por el prólogo [...]".[13] Es un artificio remarcable el de ceder la palabra a personajes ficticios de su propia narrativa. En este sentido, la autoría de este personaje en *Niebla* ejerce varias funciones comunicativas. "Como prologuista ficticio, Víctor Goti tiene la función de intermediario entre dos personas reales: el autor y el lector".[14] Precisamente, Unamuno logra disminuir la distancia entre el mundo narrado y el mundo exterior, que es el de su público y el de su propia vida. Así por un lado, aparentemente don Víctor se mueve en la misma esfera que la persona empírica de Unamuno. Por el otro, a través de este artificio, Unamuno se convierte en su propio personaje literario – una especie de *alter ego*.

El prólogo de Víctor Goti adquiere las características usuales del género. El pretexto no lleva muy lejos: Goti pretende aprovecharse de la fama de Unamuno para favorecer su propia carrera literaria. En realidad, el prólogo representa una zona neutra en que se negocia la relación entre los posibles lectores y su autor, lo cual Goti denomina como "la lucha que don Miguel ha entablado con la ingenuidad pública."[15] En este sentido a lo largo del texto se descubre una serie de prolepsis en que se anticipan posibles puntos polémicos como las paradojas unamunianas, el reproche de la pornografía – que contiene una alusión al prólogo de las *Novelas ejemplares* de Cervantes – o el humor particular de don Miguel etc. Esta anticipación de la crítica es estructurada por una imagen negativa del público español, que se tilda como ingenua e inculta. El texto se ocupa de este tema en dos niveles distintos, a nivel del contenido, como hemos visto, ya que se habla de la ingenuidad del pueblo, y a nivel performativo, puesto que se aplican modos comunicativos que el pueblo ingenuo supestamente no comprende.

A continuación argumentamos que a través de Goti se disimula una escritura refractada del yo unamuniano. Las estrategias para lograrlo son en primer lugar el desdoblamiento (a) y relacionados con éste: la ironía (b) y el dialogismo (c).

---

13 Unamuno [34]2002: 43.
14 Endress 2007: 116.
15 Unamuno [34]2002: 44.

a) Desdoblamiento: Víctor Goti no solamente puede comprenderse como
personaje ficticio, sino además como "una suerte de alter ego"[16] de Unamuno – don Víctor observa "que tengo algún lejano parentesco con don
Miguel."[17] A través de esta figura se articulan posiciones suyas como
reflejadas en un espejo. Esta estrategia literaria se complica aún más,
cuando Goti cita a don Miguel, que representa otra especie de alter ego
que entonces sí habla por cuenta propia, pero que dirige su discurso a
Goti. Mediante este procedimiento don Miguel no habla directamente
al público y la ofensa destinada a él se atenúa. Véamos un ejemplo:

> "Y el fondo de esto [está tratando de lo bufo trágico de Unamuno] no es más
> que una concepción, o mejor aún que concepción un sentimiento de la vida
> que no me atrevo a llamar pesimista porque sé que esta palabra no le gusta a
> don Miguel. Es su idea fija, monomaniaca, de que si su alma no es inmortal y
> no lo son las almas de los demás hombres y aun de todas las cosas [...], nada
> vale nada ni hay esfuerzo que merezca la pena."[18]

A través de estas palabras Unamuno habla al público sirviéndose de un
yo ajeno e inventado que además, al hablar de don Miguel, le convierte
en una figura literaria más.

b) Ironía: Con la ayuda de estos espejismos don Miguel cobra distancia con
respecto a su propio discurso. Las opiniones articuladas por él no solo
se atenúan, sino que se quedan como suspendidas en el aire. No se trata
pues de una ironía socrática, en el sentido de que se asuman posiciones
filosóficas disimuladamente. Las observaciones de don Miguel represen-
tadas en una entrevista imaginaria con Víctor Goti se cristalizan como
posturas de un escritor público, se objetivizan como algo que ya forma
parte del mundo y de los debates propugnados. En el ejemplo de arriba,
observamos el frecuente uso de la primera persona que indica la voz de
don Víctor, quién más que refiriendo, está pensando en voz alta, lo cual
le da al texto un carácter ensayístico: "no es más que", "mejor aún",
"no me atrevo a decir" etc. Con esto la tesis del sentimiento trágico de la
vida adquiere el rasgo de una mera idiosincrasia de don Miguel. Además,
resulta dudoso que el sentimiento trágico de la vida pueda caracterizarse

---

16 Endress 2007: 116.
17 Unamuno ³⁴2002: 44.
18 Unamuno ³⁴2002: 47.

como pesimismo. Como habíamos indicado, las opiniones articuladas se quedan como suspendidas en el aire. Puede caracterizarse este procedimiento literario prestando atención a la analogía que puede observarse con la ironía romántica, ya que se pone en duda lo articulado por una serie de refracciones sin llegar a afirmar lo contrario o la invalidez de lo que ha sido afirmado.

c) Dialogismo: Decíamos que las opiniones de don Miguel se representan por medio de su portavoz inventado, que en este caso es Víctor Goti. En estos personajes se unen dos voces que al final no articulan los mismos puntos de vista, sino que se distinguen por sus respectivas perspectivas. Así se logra un dinamismo al cual se añade, asimismo, la representación del público o de la voz del pueblo – como lo hubiese formulado Jerónimo Benito Feijoo.[19] Mediante esta polifonía se prepara el campo para seguir el hilo argumentativo a través de otros comentarios y paratextos. En efecto, don Miguel escribe una respuesta al texto de Goti, y como sabemos, se publican otros textos acerca de *Niebla* y sus personajes – hasta llegar al prólogo de 1935. De manera que se puede sacar en limpio que la historia y las figuras de la novela cobran vida con la multitud de textos que se les dedica. Con ello, el género del paratexto como 'accesorio' del texto desaparece y se convierte en una cadena de textos equiparados o equivalentes.

4. El estado cero del texto

Bastante al comienzo de su prólogo Víctor Goti escribe: "Dudo que en otro pueblo alguno moleste tanto el que se mezclen las burlas con las veras, y en cuanto a eso de que no se sepa bien si una cosa va o no en serio, ¿quién de nosotros lo soporta?"[20] Esta frase articulada, por un personaje ficticio, nos hace pensar en otra frase formulada en el prólogo de la *Nueva Eloísa* de Jean-Jacques Rousseau que reza: "¿Yo lo he hecho todo y la correspondencia entera es una ficción? Hombres de mundo ¿que os importa? Si en ella se hallan cosas malas, qué me las echen en cara. Si se le encuentra algo bueno, no intentaré apropiarme de los méritos."[21] Con ello Rousseau quiere

---

19 Así se titula el primer discurso del *Teatro crítico universal*: "Voz del pueblo".
20 Unamuno ³⁴2002: 46.
21 La traducción es mía. Véase Rousseau 1967: 3: "Ai-je fait le tout, et la correspondance entière est-elle une fiction? Gens du monde, que vous importe? [...]

decir que, si las cartas de su novela dan testimonio de un sentimiento auténtico y puro, no importa que sean inventadas, porque lo real representa su
contenido emocional y sincero. En el caso del prólogo de *Niebla* la mezcla
de "las burlas con las veras"[22] se refiere en primer lugar al tema del humor
y de lo tragicómico. En segundo lugar, cabe relacionarlo con la diferencia
entre ficción y realidad, dado que el prólogo de Víctor Goti debe entenderse
como burla dirigida al público ingenuo. Más si el problema consiste en que
el pueblo "quiere saber desde luego a qué atenerse y si lo hace en broma o
en serio"[23], cabe afirmar que este procedimiento irónico del desdoblamiento
se mezcla con una serie de intenciones serias, pues "donde no hay alguna
hiel no hay ironía y que la discreción está reñida con el humorismo, o, como
él se complace en llamarle: malhumorismo"[24], como se lee posteriormente
en el mismo prólogo. Asimismo, el texto nos permite vislumbrar un nivel
expresivo y auténtico que en el sentido formulado por Rousseau se pone
de manifiesto a pesar de todos los juegos de ficción.

Entonces ¿cómo debe caracterizarse un supuesto fondo auténtico de este
prólogo de doble fondo? Primeramente, observamos la intención de entre-
tejer lo inventado con la realidad para poner de manifiesto que la vida está
constituida tanto por la ficción como por lo que comúnmente llamamos la
"realidad". Sin embargo, nos parece digno de mención el carácter expresivo
que se manifiesta por debajo de toda pantomima textual, es decir un fondo fonocéntrico[25]: una preocupación por lo que puede expresarse "con el
acento y la entonación"[26], lo cual da estructura a lo que hemos denominado
previamente la escritura refractada del yo y que en último término hace
referencia al "hombre de carne y hueso"[27].

S'il y a du mal, qu'on me l'impute; s'il y a du bien, je n'entends point m'en faire
honneur."

22 Unamuno [34]2002: 46.

23 Unamuno [34]2002: 46.

24 Unamuno [34]2002: 46.

25 El cual nos informa de que 'fonocentrismo' no significa necesariamente 'logocen-
trismo'. En efecto, si pensar "es hablar consigo mismo" (Unamuno 1998: 27),
los espejismos y dialogismos de sus novelas, incluidos los paratextos en cuestión,
bien podrán considerarse como un único flujo de pensamiento.

26 Unamuno [34]2002: 45.

27 Capítulo primero en *Del Sentimiento trágico de la vida*, véase Unamuno 1998:
3–20.

Con ello nos basamos en el célebre artículo de Unamuno "Sobre la Europeización"[28] y en unos párrafos reveladores en el ensayo unamuniano *Del sentimiento trágico de la vida*, en que se descubren unas observaciones filosófico-lingüísticas que se relacionan con el nominalismo medieval y que, no obstante, habrá que interpretar en el contexto del escepticismo lingüístico del Fin de Siglo:

> "Y esas ideas [Unamuno habla de las ideas innatas y de su tematización a través de diálogos], que son la realidad, son nombres, como el nominalismo enseñaba. No que no sean más que nombres, *flatus vocis*, sino que son nada menos que nombres. El lenguaje es el que nos da la realidad, y no como un mero vehículo de ella, sino como su verdadero carne, de que todo lo otro, la representación muda o inarticulada, no es sino esqueleto."[29]

Cabe entender una vez más que según esta cita la escritura – "representación muda o inarticulada" – se caracteriza por carencia de vida y espontaneidad. En cambio, el lenguaje hablado y sus atributos creativos prometen un modo de expresión vital que está más cerca del centro orgánico del hombre de carne y hueso. Cabe recordar que la lengua como "verdadero carne" de la realidad nos remite a la formulación de San Pablo que reza que el Espíritu Santo representa la tinta que se escribe en "las tablas de carne del corazón."[30]

Argumentamos, asimismo, que esta escritura refractada del yo resalta frecuentemente en los paratextos de Unamuno y cabe describirla siguiendo a Manfred Schneider y su concepto de 'la escritura cardiaca', teniendo en cuenta que la referencia más célebre a esta escritura la representan los textos, especialmente las *Confesiones*, de Rousseau. "Lo que se despliega en los sujetos es una escritura de la naturaleza, de la naturaleza del sujeto. Por eso el acto de escribir, que copia esta escritura, tiene que llevar los certificados de su verdad. Tiene que emanar de una semiótica elemental, de la espontaneidad del corazón."[31]

---

28 Véase Witthaus 2014.
29 Unamuno 1998: 300.
30 2 *Corintios* 3, 3.
31 Schneider 1986: 33, la traducción es mía: "Was sich in den Subjekten ausschreibt, ist eine Schrift der Natur, der Subjektnatur. Daher muß der Schreibakt, der diese Schrift kopiert, die Zertifikate seiner Wahrheit in sich selbst tragen. Sie muß selbst aus der elementaren Semiotik, aus der Spontaneität des Herzens hervordrängen."

A nivel estílistico esta escritura del corazón se hace visible por la aparente ausencia de orden y estructura, la cual resulta ser, sin embargo, el resultado de artifico o bien de albedrío artístico. En este sentido, cobra relevancia otro párrafo supestamente emanada de la pluma de don Víctor:

> "Porque le saca de sus casillas el que digan que nuestro pueblo, sobre todo el meridional, es ingenioso. «Pueblo que se recrea en las corridas de toros y halla variedad y amenidad en ese espectáculo sencillísimo, está juzgado en cuanto a mentalidad», dice. Y agrega que no puede haber mentalidad más simple y más córnea que la de un aficionado. ¡Vaya usted con paradojas más o menos humorísticas al que acaba de entusiasmarse con una estocada de Vicente Pastor! Y abomina del género festivo de los revisteros de toros, sacerdotes del juego de vocablos y de toda la bazofia del ingenio del puchero."[32]

Todo este párrafo está estructurado por una emoción negativa: la irritación que se desencadena entorno a una tema explosivo, el tema de España. Al comienzo se articula el estereotipo de la ingeniosidad española. Sigue una cita directa de don Miguel, bastante polémica. A continuación se lee una cita indirecta, no menos polémica, y una exclamación, de la que no se puede determinar si va en estilo indirecto libre o si debe atribuirse directamente a Víctor Goti. No importa tanto que en este lugar las voces, la de don Miguel y la de don Víctor, se confundan, que la intención del texto se haga unívoca. Nos parece más significativo que en el párrafo citado reine un desorden calculado, que a pesar de todo el texto resulte estilísticamente homogéneo, como portado por una voluntad expresiva que se somete a la emoción del encono y que se articula de un modo directo, corto y polémico.

5. Confesiones de un perro huérfano

A continuación proponemos una lectura parecida del epílogo articulado por el perro adoptivo de Augusto Pérez, Orfeo. Es cierto que en esta "Oración fúnebre" no predomina la inseguridad que puede haber causado en el lector histórico el prefacio de Víctor Goti. El juego ingenioso, adaptado de una novela cervantina, se da a conocer en seguida, puesto que el animal se ve equipado con la inaudible capacidad humana de hablar. Lo que resulta es un lenguaje imposible de un perro que – según el contenido de la oración articulada – no forma parte de la comunidad linguística de los

---

32 Unamuno [34]2002: 48.

seres humanos, sin embargo expresa esto mismo mediante el lenguaje que leemos los lectores de *Niebla*. El texto permite suponer que Augusto, al dedicarle sus abundantes soliloquios que llenan numerosos capítulos de la novela, le ha contagiado la capacidad de hablar, que se presenta como una enfermedad y que enajena a los hombres de su mundo. No obstante, no pasa desapercibida la impresión dominante del texto de que reina en él dicha contradicción performativa.

A pesar de la separación que traza, y a la vez transgrede, la oración de Orfeo entre los perros y los seres humanos, la voz perruna alude a un nivel de comunicación en el cual la comprensión entre estos dos mundos se hace posible. "Solo le entendemos de veras cuando él también aúlla."[33] Orfeo pues hace hincapié en un fundamento existencial que comparten los perros y los seres humanos. El llanto del hombre le recuerda al aullar de su propia espécie. Los momentos de pena y pesar se transponen en expresiones del dolor, que ante todo están constituidas por repeticiones, interjecciones o exclamaciones. Se alude aquí a teorías lingüísticas del siglo XVIII que investigan los orígenes de la lengua humana a partir de sus funciones expresivas y emocionales.[34]

Si bien los seres humanos, al expresar sus sentimientos, pueden salir de los registros verbales, Orfeo – al revés y bajo condiciones ficticias – atraviesa la comunicación habitual de los perros y expresa su dolor mediante recursos lingüísticos:

> "¡Pobre amo mío! ¡pobre amo mío! ¡Se ha muerto! ¡Se me ha muerto! ¡Se muere todo, todo, todo; todo se me muere! Y es peor que se me muera todo a que me muera para todo yo! ¡Pobre amo mío! ¡pobre amo mío! Esto aquí yace, blanco, frío, con olor a próxima podredumbre, a carne de ser comida, esto ya no es mi amo. No, no lo es. ¿Dónde se fue mi amo? ¿dónde el que me acariciaba, el que me hablaba?"[35]

Mientras que su tocayo mitológico era capaz de cantar sus canciones a los animales y despertar sus sentimientos, en este texto el perro habla a los seres humanos, sirviéndose de unos recursos comunicativos que se dirigen

---

33 Unamuno [34]2002: 256.
34 Concretamente se alude a tratados de Condillac y de Rousseau, los cuales ambos se ocuparon a reflexionar sobre el origen de la lengua humana. Véase Derrida 1967: 235–326.
35 Unamuno [34]2002: 256.

a los corazones humanos. Les enseña, cómo se puede aullar con palabras. En este sentido, Orfeo califica los soliloquios de su amo Augusto como diálogos consigo mismo: "Él al hablarme así hablándose hablaba al perro que había en él."[36] Estamos pues en la intersección de la animalidad y la humanidad. Ante la experiencia de la muerte y la pérdida de los seres queridos, la lengua en boca de un perro ha tocado un fondo existencial. Si por un lado el discurso de Orfeo a nivel de su contenido expresa un concepto del lenguaje en último término nominalista que según esto aleja al ser humano de su entorno natural, por el otro se observan momentos en los que la lengua vuelve a sus orígenes: a la expresión del dolor y congoja a la vista de la muerte. Es en estos momentos, cuando el estilo se convierte en lengua hablada, en lo que "se expresa con el acento y la entonación"[37], como rezaba don Miguel en el prefacio.

No obstante, la lectura del párrafo citado revela de un modo muy obvio los recursos meramente retóricos a los que puede traducirse el afecto perruno: las exclamaciones, las repeticiones con pequeños cambios, los quiasmos etc. Bien que las palabras de Orfeo parecen ser espontáneas y motivadas por su tristeza, particularmente la siguiente frase delata su carácter artificial: "¡Y es peor que se me muera todo a que me muera para todo yo!" El "acento y la entonación" son el resultado del artificio retórico – ello sea dicho no necesariamente en un sentido deconstructivista, dado que la retórica para Unamuno significa un saber tradicional sobre los modos expresivos de los recursos lingüísticos humanos.

Observamos, asimismo, que en la "Oración fúncbre" de Orfeo existe una transgresión desde el yo narrador, que unos capítulos antes se había presentado como don Miguel de Unamuno residente en Salamanca, y el yo que representa la voz del perro. Bien es verdad que la instancia narrativa en este momento de la novela se esconde detrás de la primera persona plural, p. ej.: "ni vamos siquiera a decir", "haremos una excepción".[38] Sin embargo, el lector será capaz de seguir suficientemente el hilo de la historia como para poner en relación la voz narrativa con los sucesos relatados antes. El narrador pues introduce al perro con las siguientes palabras: "Porque su amo era para

---

36 Unamuno [34]2002: 258.
37 Unamuno [34]2002: 45.
38 Unamuno [34]2002: 255.

él como un dios. Y al sentirle ahora muerto sintió que se desmoronaban en su espíritu los fundamentos todos de su fe en la vida y en el mundo, y una inmensa desolación llenó su pecho."[39] La fidelidad de los perros forma parte de su mitología cultivada en la literatura europea. No obstante, la instancia narrativa va mucho más allá de una pura repetición de este lugar común. Anticipa el monólogo del animal mediante el estilo indirecto libre, permitiéndose hacer visibles los sentimientos de Orfeo. Acaso el perro – a parte de las analogías puestas de manifiesto en *Niebla* entre los perros y la obra literaria[40] – sea una figura más en una escritura refractada del yo.

6. A modo de conclusión

Tanto el prólogo supuestamente escrito por Goti como el epílogo de Orfeo están estructurados por emociones que evolucionan, se refuerzan y que se atenúan a lo largo de unos espejismos de portavoces. En el prefacio el papel de don Víctor parece estar limitado a la función de apaciguar las afirmaciones polémicas de don Miguel, pero eso no es del todo cierto. Vemos que a ratos las emociones, el tono polémico y las coincidencias argumentativas atraviesan ambas instancias discursivas del texto. Lo que resulta es un estilo que no solamente es – como hemos afirmado en otro lugar – un estilo retórico que supuestamente surge del corazón del orador y que se dirige al de su público ["Herzensschrift", término no traducible]. Se trata de un estilo oral y directo, que se asocia con un modo expresivo enfatizado por "el acento y la entonación".

La lectura de la "Oración fúnebre" da unos resultados muy parecidos: la lengua imposible de Orfeo se afirma como medio de expresión, a pesar del contenido de su discurso en que se caracteriza la lengua humana como un vano tejido de alienación. Reina en él una contradicción performativa que solamente puede disolverse en una voluntad expresiva y oral del texto. Como afirma el mismo don Miguel en el prólogo de Víctor Goti, estos recursos estilísticos deben distinguirse de todos los medios gráficos y por tanto exteriores, que para él no son nada más que mera 'pantomima' del texto. A través de todas las piruetas paratextuales, que en este caso hemos

---

39 Unamuno [34]2002: 255.
40 Véase Fiddian (1992).

caracterizado como la escritura refractada del yo, se confirma un fondo fonocéntrico que el texto contiene, y con ello se pregona la ley de su propia hechura. Sería fructífero seguir la escritura refractada del yo a través de las novelas de Unamuno, siguiendo el patrón de Ricardo Gullón – una tarea que podrá emprenderse en otra ocasión.

Bibliografía

Álvarez Castro, Luis (2015): *Los espejos del yo: Existencialismo y metaficción en la narrativa de Unamuno*. Salamanca: Universidad de Salamanca.

Derrida, Jacques (1967): *De la grammatologie*. Paris: Minuit.

Dueñas, Rafael (2000): "The Prologue as a Novel in Unamuno's Nivola". En: *Ciberletras: Revista de crítica literaria y de cultura*, N°. 3 <http://www.lehman.cuny.edu/ciberletras/v03/Duenas.html> (17.5. 2018).

Endress, Heinz-Peter (2007): "Ficción y realidad en 'Niebla' de Unamuno, con resonancias cervantinas (y calderonianas)". En: Beatriz Mariscal/María Teresa Miaja de la Peña (eds.): *Actas del XV Congreso de la Asociación Internacional de Hispanistas "Las dos orillas"*. Monterrey, México: Fondo de Cultura Económica. Vol. 3, pp. 113–122.

Fiddian, Robin W. (1992): "Orfeo, los perros y la voz de su amo en *Niebla* de Miguel de Unamuno". En: Antonio Vilanova (ed.): *Actas del X Congreso de la Asociación Internacional de Hispanistas*. Barcelona: Promociones y Publicaciones Universitarias. Vol. 2, pp. 1751–1760.

García Serrano, Juan Manuel (2014): *Ficción y conocimiento. Filosofía e imaginación en Unamuno, Borges y Ortega*. Vigo: Academia del Hispanismo.

Genette, Gérard (2001): *Umbrales. Lingüística y teoría literaria*. México D.F.: siglo veintiuno editores.

Gómez Trueba, Teresa (2009): "El prólogo es novela". En: Miguel de Unamuno: *Cómo se hace una novela*. Teresa Gómez Trueba (ed.). Madrid: Cátedra. pp. 51–55.

Gullón, Ricardo (1964): *Autobiografías de Unamuno*. Madrid: Gredos.

Gullón, Germán (2002): "Introducción". En: Miguel de Unamuno. *Niebla*. Germán Gullón (ed.). Madrid: Espasa Calpe, pp. 9–40.

Mecke, Jochen (2010): "Miguel de Unamuno. Niebla". En: Ralf Junkerjürgen (ed.): *Spanische Romane des 20. Jahrhunderts in Einzeldarstellungen*. Berlin: Erich Schmidt, pp. 47–64.

Navajas, Gonzalo (1992): *Unamuno desde la Posmodernidad, Antinomia y Síntesis Ontológica*. Barcelona: PPU.

Rousseau, Jean-Jacques (1967): *Julie ou la Nouvelle Hélouïse*. Paris: Garnier.

Schneider Manfred (1986): *Die erkaltete Herzensschrift. Der autobiographische Text im 20. Jahrhundert*. München: Hanser.

Unamuno, Miguel de (1966a): "Sobre la lectura y la interpretación del *Quijote*". En: *Obras completas*. Vol. 1. Manuel García Blanco (ed.). Madrid: Escelicer, pp. 1227–1238.

Unamuno, Miguel de (1966b): "Acerca de la Reforma de la ortografía castellana". En: *Obras completas*. Vol.1. Manuel García Blanco (ed.). Madrid: Escelicer, pp. 926–939.

Unamuno, Miguel de (1998): *Obras selectas*. Prólogo de Julián Marías. Madrid: Espasa Calpe.

Unamuno, Miguel de ([34]2002): *Niebla*, ed. Germán Gullón, Madrid: Espasa Calpe.

Witthaus, Jan-Henrik (2014): "El tema de África en la obra ensayística de Miguel de Unamuno: identidad cultural y ubicación intelectual". En: *Iberoamericana* 56, Vol. 14, pp. 91–102.

Berit Callsen

Ensayar el yo y experimentar la vida.
Sobre algunos autodiálogos ensayísticos
de Unamuno

Abstract: This article seeks to analyze Unamuno's "autodiálogo" as a rhetoric tool in processes of self-constitution. Being at the center of a variety of narrative, dramatic, lyric and essayistic texts, this study focuses especially on auto-dialogic forms in a selection of Unamuno's essays written between 1900 and 1913 – some of them hardly researched until now. It will turn out that the "autodiálogo", besides providing a communicative space for self-reflection and self-constitution, becomes a basis for social interaction. Hence, it addresses a community of subjects and develops advice and suggestions on how to deal with critical situations in life and with moments of doubt and fear. To this effect, the article explores the hypothesis that the "autodiálogo" becomes an important element of practical philosophy. It investigates conceptual relations between Unamuno and other European philosophers (Nietzsche, Schopenhauer, Kierkegaard and Simmel) in a new perspective.

Key words: Introspection, Solitude, Philosophy of Life, Coincidence of Oppositions, Subject in Crisis, Study of the Self, Essayistic Letter

Este artículo se propone analizar el autodiálogo en cuanto a un alcance funcional múltiple que adquiere, así la tésis, en la obra ensayística de Unamuno: en tanto medio de autoexploración y constitución del sujeto, como forma retórica de consejo y en tanto elemento de filosofía práctica. En la investigación de esta cadena tripartita e interrelacionada de modalidades funcionales se trata de ilustrar que el autodiálogo se vuelve en Unamuno un instrumento tanto estético como ético y social capaz de sondear potencialidades y perspectivas prospectivas en torno al sujeto en crisis.

Las reflexiones que se presentan a continuación se centran en la idiosincrasia de forma y contenido de una selección de autodiálogos tratándolos como elementos de una escritura del yo en el sentido que le da Foucault[1].

---

1 Foucault define la escritura del yo ("écriture de soi") como un ejercicio o examen autoreflexivo que forma parte de lo que en su obra tardía denomina una estética

Así, podemos calificar el autodiálogo, y más cuando se da por escrito, como una forma ascética, bajo la cual el sujeto lleva a cabo una especie de entrenamiento de sí mismo. Se pondrá, por lo tanto, el enfoque en el estudio de las prácticas procesuales del autodiálogo, considerándolas como elementos claves de una "técnica del yo"[2] puesto que ofrecen procedimientos para constituir, corroborar o cambiar el sujeto.[3]

A modo de proponer una definición mínima podríamos decir que el autodiálogo es una forma dialógica en la cual un hablante en primera persona se dirige a un interlocutor que se mantiene mudo e invisible. Esta situación comunicativa induce una congruencia dinámica del yo consigo mismo o con su "otro", dando lugar a un autodistanciamiento y hasta un autoextrañamiento deliberado y productivo en el sujeto autodialogante. Insinuando ya cierto aspecto meta-dialógico en sus reflexiones acerca de la índole autodialógica que propone en el prólogo a la versión española de su ensayo tardío "La agonía del cristianismo", Unamuno afirma oponiéndose al monólogo:

> "[...] pero será mejor autodiálogos, o sea diálogos consigo mismo. Y un autodiálogo no es un monólogo. El que dialoga, el que conversa consigo mismo, repartiéndose en dos, o en tres, o en más, o en todo un pueblo, no monologa. Los dogmáticos son los que monologan, y hasta cuando parecen dialogar, como los catecismos, por preguntas y respuestas. Pero los escépticos, los agónicos, los polémicos, no monologamos. Llevo muy en lo dentro de mis entrañas espirituales la agonía, la lucha, la lucha religiosa y la lucha civil, para poder vivir de monólogos. Job fué [sic] un hombre de contradicciones, y lo fué [sic] Pablo, y lo fué [sic] Agustín, y lo fué [sic] Pascal, y creo serlo yo."[4]

---

de la existencia o arte de vida. Partiendo de Plutarco, Foucault le concede una función eto-poética ["ethopoetische Funktion"] a la escritura del yo (Foucault 2007: 140).

2   "Technique de soi"; Foucault 2007: 74.

3   En este sentido, cabe subrayar que lo que queda enmarcado en la escritura del yo, tal como la queremos funcionalizar aquí, no es necesariamente el ideal de un sujeto coherente, lineal y plenamente autoconsciente. Lo que destacamos y retomamos de este concepto foucaultiano a lo largo de nuestra argumentación es la noción del sujeto dinámico-procesual que apunta a conocer sus contradicciones, adversidades y disyunciones sin tener la necesidad de desvanecerlas.

4   Unamuno 1967: 306.

Aprendemos que en la perspectiva sin duda polémica de Unamuno, el autodiálogo no es solamente remedio anti-dogmático, sino también espacio performativo de la dicción múltiple y heterogénea así como de la contradicción. Veremos que la condición agónica, tal como es resaltada ya en esta cita, figura como un elemento importante de la práctica autodialógica.

Iris Zavala enfoca la dialogicidad, y en especial la "comunicación interior"[5], como instrumento que apunta a procesos de constitución del sujeto en Unamuno.[6] Aquí, quisiéramos ir un paso más allá y discutir la tesis de que el autodiálogo forma parte de un sustrato de filosofía práctica que se hace particularmente notorio en los ensayos escritos en la primera década del siglo XX. Así, revela y corrobora el modo de un filosofar ético, tanto social como personal y hasta vivencial a través del cual Unamuno se acerca a las posiciones filosóficas de Kierkegaard, Schopenhauer y Nietzsche.

Si bien el autodiálogo se puede considerar un fenómeno transgenérico, dándose en prólogos, novelas, ensayos, poemas y obras dramáticas de Unamuno, aquí será enfocado, sobre todo, el autodiálogo ensayístico, ello por dos razones: en primer lugar, porque así se puede abarcar un corpus analítico hasta ahora raramente estudiado de manera comparativa. En segundo lugar, se supone que es en el ensayo – género tentativo y experimental – donde el rasgo potencial y contingente de la forma autodialógica se demuestra de manera más marcada. El corpus que se estudia a continuación consiste en cinco ensayos escritos por Unamuno entre 1900 y 1913: "¡Adentro!", "El secreto de la vida", "Soledad", "Soliloquio" y *Del sentimiento trágico de la vida*. En su conjunto, estos ensayos abren un panorama tan heterogéneo como representativo de la forma autodialógica puesto que varían tanto formalmente – en cuanto a su presentación comunicativa y extensión verbal – como en cuanto a su modalidad como instrumentos autoexploratorios y autoconstitucionales.

---

5 Zavala 1991: 144.
6 En sus análisis, Zavala se centra sobre todo en los textos ficcionales de Unamuno donde identifica cierta noción ética al relacionar la dialogicidad con una cultura del yo ["culture de soi"] en el sentido de Foucault (véase Zavala 1991: 131).

El autodiálogo unamuniano en una selección de ensayos

Debido a su estrecha interrelación tanto formal como semántica, los ensayos "¡Adentro!" y "El secreto de la vida" se pueden leer como un compendio temprano de la autodialogicidad. "¡Adentro!" que se publica en 1900 se presenta bajo la forma epistolar. Se viste de respuesta a una carta en la cual el remitente desconocido al parecer había expuesto un plan o proyecto de vida. El contenido del ensayo – la reacción del destinatario – se basa en el desarrollo de una red interpelativa que apunta, por más sorprendente que sea, a la contingencia y a la no-direccionalidad. El escribiente concibe toda una prevención de la planificación y sugiere alternativas de conducta y de enfrentar la vida. Ello se hace notorio ya en las primeras frases de su respuesta:

> "Hay en tu carta una cosa que no me gusta, y es ese empeño que muestras ahora por fijarte un camino y trazarte un plan de vida. ¡Nada de plan previo, que no eres edificio! No hace el plan a la vida, sino que ésta lo traza viviendo. No te empeñes en regular tu acción por tu pensamiento; deja más bien que aquélla te forme, informe, deforme y trasforme éste. Vas saliendo de ti mismo, develándote a ti propio [...]."[7]

El argumento de la errancia voluntaria y la interpelación de exponerse a la contingencia tienen su base explicativa en la predominancia de la vida sobre la razón, de la acción sobre el pensamiento. El escribiente parte, por lo tanto, de la convicción de que la vida resulta de y se explica por la acción vital misma. Además, es clave que el proceso de la autoconstitución se efectua, fundamentalmente, por medio de la introspección siendo esta punto de partida y resultado de una actitud no dirigida.

A partir de este núcleo argumentativo se desarrolla una serie de indicios de conducta y de consejos que en la evocación de una futura autorevelación sugiere el acto introspectivo como instrumento adecuado para la conformación de un ethos personal. Aquí se establece también la interrelación semántica con el lema de Augustinus que Unamuno antepone a su ensayo: "In interiore hominis habitat veritas." El remitente de la carta lo expresa así:

> "Tu vida es ante tu propia conciencia la revelación continua, en el tiempo, de tu eternidad, el desarrollo de tu símbolo; vas descubriéndote conforme obras. Avanza, pues, en las honduras de tu espíritu, y descubrirás cada día nuevos horizontes,

---

7 Unamuno 1966a: 948.

tierras vírgenes, ríos de inmaculada pureza, cielos antes no vistos, estrellas nuevas y nuevas constelaciones."[8]

Se evoca, por lo tanto, un universo interior cuyo descubrimiento queda inmerso en el mismo proceso de la introspección, proceso que a su vez forma parte de una conjunción de ser y obrar, en la cual el sujeto se descubre y se estudia a sí mismo.[9]

Además, a través del acto de la introspección y la simultánea apertura hacia la contingencia vital que figura al centro ambiguo de este autodiálogo epistolar, se sugiere la idea de un individuo autónomo:

> "No te hagas, como planeta en su órbita, siervo de una trayectoria. Querer fijarse de antemano la vida redúcese en rigor a hacerse esclavo de la que nos señalen los demás, porque eso de ser hombre de meta y propósitos fijos no es más que ser como los demás nos imaginan, sujetar nuestra realidad a su apariencia en la ajenas mentes."[10]

En total, es un consejo bifocal que se va perfilando a lo largo de la carta-ensayo, aparte de cumplirse de manera performativa en la escritura de la misma: exponerse a la vida y sus contradicciones y contingencias y reconcentrarse en sí mismo. Se aprende que esta doble vía de introspección y extraversión, de ensimismamiento e interacción social ilustra un modo paradójico que da lugar a la siguiente interpelación final en la carta: "En vez de decir, pues, ¡adelante!, o ¡arriba!, di: ¡adentro! Reconcéntrate para irradiar [...]. Recójete en ti mismo para mejor darte a los demás todo entero e indiviso."[11] Aquí queda evidente que la introspección modelada autodialógicamente, a parte de configurar exposiciones a la contingencia de

---

8   Unamuno 1966a: 948.
9   El acto de estudiarse a sí mismo es un elemento importante del proceso introspectivo al cual Unamuno vuelve en diferentes ocasiones, así por ejemplo en su ensayo "A un literato joven" que publica en *El Imparcial* en 1907, poco después de "¡Adentro!". Aquí, afirma oponiendo el autoestudio al autoconocimiento: "Estúdiate a ti mismo, llegues o no llegues a conocerte, y acaso sea mejor que no llegues a ello, si es que te estudias. Cuanto más te estudies, más te ensancharás y te ahondarás espiritualmente, y cuanto más te ensanches y te ahondes, más difícil te será conocerte." (Unamuno 1968a: 333) Se evidencia, por lo tanto, que lo que prevalece es el proceso dinámico y abierto de la autoobservación, tal como radica en el autodiálogo, menos el estado del autoconocimiento.
10 Unamuno 1966a: 948–949.
11 Unamuno 1966a: 952–953.

la vida y funcionar de vía hacia la autonomía individual, es considerada por Unamuno como un requisito imprescindible para establecer relaciones con el entorno social. Así, individualidad y sociabilidad entran en una relación dialéctica de la cual participa en otros escritos de Unamuno también el motivo de la extensión del yo volviéndose, de esta manera, la subjetividad una categoría colectiva en la cual lo singular deviene plural. Este procedimiento se repite en otras ocasiones, así por ejemplo en los textos y ensayos *Como se hace una novela*, "Una entrevista con Augusto Pérez" o "Sobre mi mismo". En "Una entrevista con Augusto Pérez", publicada en 1915, Unamuno establece la categoría del "yo impuro", definiéndolo como "el que es todos los demás a la vez que el mismo"[12]. Es este "yo impuro" que ya se perfila en "¡Adentro!" tanto en la idea de la interrelación intrínseca de individualidad y sociabilidad como en la escenificación de un portavoz ético que habla por y aconseja a una colectividad virtual de yos. Así, el "yo impuro", se volvería un "nosotros implícito". Además, subyace evidentemente bajo la idea básica de la heterogeneidad del yo.

Si bien en "El secreto de la vida" es el escribiente que se demuestra desesperado, pidiéndole consejo al destinatario desconocido, este ensayo escrito en 1906 se puede leer como continuación semántica y formal de "¡Adentro!". En "El secreto de la vida", el estado emocional y el problema individual del remitente se explicitan desde un principio: "Y hoy siento necesidad de ti, de tu presencia: hoy siento necesidad de hablarte, de dirijir hacia ti los pensamientos que me están pugnando por brotar, y como estás lejos, te los escribo. Y esto es porque hoy, como nunca, me duele el misterio."[13]

Es clave que esta exposición emocional a lo largo de la carta y a través del proceso de la escritura es seguida por una serie de reflexiones y raciocinios que el mismo escribiente desarrolla en torno a su estado desesperado. De esta manera, la escenifiación inicial de la desesperación personal obtiene sucesivamente un nivel no solamente razonable sino también, y sobre todo, autoconsolador y – en ello – autoconstitutivo. A través del autodiálogo se formulan consejos que en este ensayo se dan, sobre todo, en forma de aforismos y sentencias explicativas. Presenciamos una racionalización que emerge de lo emocional y que parece escenificar la conjunción de razón y

---

12 Unamuno 1966b: 360.
13 Unamuno 1968b: 877.

vida que Unamuno proclama en toda una serie de ensayos y otros escritos en tanto coincidencia de oposiciones y modo agónico del ser y como base del sentimiento trágico de la vida.

En directa continuación al enfoque dado en "¡Adentro!", en un primer paso de esta racionalización e incipiente autoconstitución, el escribiente se ensimisma y observa que "La libertad está en el misterio; la libertad está enterrada, y crece hacia adentro y no hacia afuera."[14] Se especifica aquí que a la base de la introspección reside un núcleo tan conceptual como agónico develando una cadena de oxímorones en torno al "misterio", como son la libertad misteriosa y enterrada, así como el crecimiento interior e invisible. En analogía a "¡Adentro!", la introspección marca el punto de partida para un proceso autoexplorativo durante el cual el yo autodialógico se siente acompañado:

> "Todos llevamos nuestro secreto, sepámoslo o no, y hay un mundo oculto e interior en que todos ellos se conciertan, desconociéndose como se desconocen en este mundo exterior y manifiesto. Y si no es así, ¿cómo te explicas tantas misteriosas voces de silencio que nos vienen de debajo del alma, de más allá de sus raíces?"[15]

Aquí se escenifica otro oxímoron – la polifonía del silencio – apelando a una comunidad de sujetos autodialógicos retomando, así, el motivo de la subjetividad colectiva establecido ya en "¡Adentro!".

En la continua autoreflexión en torno a su estado desesperado, el escribiente revela en otro momento a partir de esta extensión del yo que son las mismas contradicciones y paradojas individuales de las que se nutre "el secreto de la vida":

> "Y el secreto de la vida humana [...] es el ansia de más vida, es el furioso e insaciable anhelo de ser todo lo demás sin dejar de ser nosotros mismos, de adueñarnos del universo entero sin que el universo se adueñe de nosotros y nos absorba; es el deseo de ser otro sin dejar de ser yo, y seguir siendo yo siendo a la vez otro [...]."[16]

Se aprende que el secreto de la vida en sí recibe un estatus ambivalente, puesto que aparece impregnado por la desesperación individual tanto como por la utópica proyección múltiple del yo. En ello la idea del "otro" una

---

14 Unamuno 1968b: 880.
15 Unamuno 1968b: 883.
16 Unamuno 1968b: 884.

vez más adquiere fundamental importancia puesto que marca la distancia productiva que el yo establece consigo y en la cual puede desarrollar su autodiálogo constituyente. La forma incluyente de un "nosotros", que apunta aquí – más claramente aún que en "¡Adentro!" – a una noción colectiva de la subjetividad, subraya una retórica de consejo con gesto apelativo y persuasivo. Esta se basa en la evocación de una multitud de sujetos en búsqueda de su ethos personal cuya condición básica radica en la introspección así como en el consiguiente enfrentamiento con una contradictoria vida interior. En un próximo paso argumentativo, y a medida de su autoreflexión progresiva, el escribiente llega a una definición tentativa del vivir que alcanza una forma aforística: "El resorte del vivir es el ansia de sobrevivirse en tiempo y en espacio; los seres empiezan a vivir cuando quieren ser otros que son y seguir siendo los mismos."[17]

El ser vivo se quiere, por lo tanto, otro que es y en este deseo *permanece* el mismo. Trata de superarse continuamente a sí mismo y se reconoce en esta autosuperación constante. Queda por subrayar que lo que se ilustra aquí es una autotrascendencia anclada en la vida, menos en el deseo de la inmortalidad.[18] De ahí que se intuya no solamente una dinámica productiva entre congruencia e incongruencia del ser vivo, activo y presente, sino también un elogio de la indeterminación individual. Es interesante destacar aquí interrelaciones con la concepción filosófica de Georg Simmel, uno de los más conocidos filósofos de vida en Alemania en las primeras décadas del siglo XX. Así, se puede corroborar el aspecto de una indeterminación productiva bajo la idea de una constante transgresión sujetal y vivencial como la proclamará Simmel en tanto tarea ética del individuo en su obra más conocida *Lebensanschauung. Vier metaphysische Kapitel* de 1918. Simmel afirma: "Mit dieser Bewegung in der Transzendenz seiner selbst erst zeigt sich der Geist als das schlechthin Lebendige. Dies setzt sich in den ethischen Bezirk

---

17 Unamuno 1968b: 885.

18 Ernst Robert Curtius, en su prólogo a *Del sentimiento trágico de la vida* y *La agonía del Cristianismo* que data de 1926, había argumentado ya hacia una tal interpretación del motivo de la inmortalidad en Unamuno, dice: "El hombre, cuya psicología religiosa Unamuno desarrolla, no quiere renunciar a ningún elemento de su yo. Su hambre de inmortalidad no es, en su esencia, más que una forma de su instinto de conservación. No quiere morir." (Curtius 1983: XIX)

mit der in vielerlei Formen immer von neuem auftretenden Idee fort, daß die Überwindung seiner selbst die sittliche Aufgabe des Menschen sei [...]."[19]

En Unamuno se abre un espacio de crecimiento y autoconstitución continuos que se conforma a lo largo del mismo ensayo-carta posibilitando tales movimientos vitales y transgresivos. En ello, el desarrollo de la desesperación a la autoconsolación, de la emoción al razonamiento y de la confesión personal al aforismo generalizado marca los pasos decisivos.

Tanto el ensayo "¡Adentro!" como "El secreto de la vida" se dan bajo la forma de una correspondencia virtual. De esta manera, el yo escribiente se experimenta en el autodistanciamiento y se autoexamina a través de la interpelación de un supuesto destinatario que se mantiene oculto y anónimo. Así, la respectiva "carta" aparece como un medio de entrenamiento y autodesciframiento, aspectos que Foucault menciona en su ensayo "L'écriture de soi" como claves de la correspondencia escrita "convencional":

> "La réciprocité que la correspondance établit n'est pas simplement celle du conseil et de l'aide; elle est celle du regard et de l'examen. Le travail que la lettre opère sur le destinataire, mais qui est aussi effectué sur le scripteur par la lettre même qu'il envoie, implique donc une 'introspection'; mais il faut comprendre celle-ci moins comme un déchiffrement de soi par soi que comme une ouverture qu'on donne à l'autre sur soi-même."[20]

Los movimientos de introspección y apertura que Foucault identifica como procesos decisivos de la correspondencia escrita coinciden significativamente en la constelación del sujeto autodialógico que concibe Unamuno. Debido a que en sus ensayos carta destinatario y escribiente se superponen, hay que destacar el doble movimiento de alejamiento en tanto autodistancia productiva y ensimismamiento en tanto introspección prospectiva que se efectúa a partir de la congruencia dinámica de yo y otro en el autodiálogo ensayístico. Aparte de ello, el subyacente 'hablarse a sí mismo' dando consejos y creando aforismos se acerca al acto autosugestivo y, con esto, a otra técnica del yo, al lado de la escritura.[21]

---

19 Simmel 1922: 7.
20 Foucault 1983: 426.
21 Butzer destaca el potencial autoconstitutivo que el soliloquio obtiene en el ejercicio de disposiciones interiores y formas de conducta afirmando que este modo comunicativo forma parte de lo que Foucault denomina una "técnica del yo" (véase Butzer 2008: 24; 36). Es evidente que en el autodiálogo este potencial

En los ensayos "Soledad" y "Soliloquio" los autodiálogos se dan bajo
una forma comunicativa distinta y con otro enfoque: en "Soledad" (1905) el
yo explicita una condición básica del autodiálogo ilustrando la tesis de que
éste sólo se desarrolla de manera adecuada en la soledad y el aislamiento:

> "No hay más diálogo verdadero que el diálogo que entablas contigo mismo, y
> este diálogo sólo puedes entablarlo estando a solas. En la soledad, y sólo en la
> soledad, puedes conocerte a ti mismo como prójimo; y mientras no te conozcas
> a ti mismo como a prójimo, no podrás llegar a ver en tus prójimos otros yos. Si
> quieres aprender a amar a los otros, recójete en ti mismo."[22]

Es interesante que, al igual que en "¡Adentro!", aquí se destaca – una vez
más bajo la forma retórica de consejo o autosugestión y en alocución de un
"tú"– el modo introspectivo como condición básica de la autoconstitución,
así como de la extraversión e interacción social. Aparte de ello, se insinúa
una función terapeútica, no solamente de la soledad, sino del autodiálogo
que se constituye a partir de ella: "Y [...] nos cura también la soledad ense-
ñándonos a resignarnos a nosotros mismos y a aceptarnos tal y como somos
y a perdonarnos nuestras propias faltas, sin intentar penetrar en su razón."[23]

El elogio de la soledad y del aislamiento que se demuestra en este ensayo de manera aún más explícita que en "¡Adentro!" o "El secreto de la
vida" remite – así se puede suponer – a la función clave que Kierkegaard –
filósofo, como es sabido, muy apreciado y estudiado por Unamuno – le
había concedido al ser solitario e individual. Así, Odo Marquard subraya la
posición destacada que ocupa la así llamada "existierende Subjektivität"[24]
["subjetividad existente"] en Kierkegaard y argumenta, por consiguiente,
hacia una índole expresamente individual de la filosofía del danés: "Das
Individuellste ist hier das eigentlich Philosophische."[25] Yendo un paso más
allá, Unamuno concibe la soledad en último término como medio de la
autoaceptación del individuo imperfecto.

ético-constitutivo ha de aumentar a medida que se multiplican los interlocutores
(virtuales).

22 Unamuno 1966c: 1252.
23 Unamuno 1966c: 1262.
24 Marquard 2013: 113.
25 Marquard 2013: 114.

Siguiendo esta linea argumentativa, el ensayo "Soliloquio" (1907) lleva a cabo una autoresignación productiva en torno al egoismo que – como aprendemos – se le reprocha a menudo al hablante que ahora si se asemeja a Unamuno mismo develando un gesto autobiográfico en este autodiálogo:

> "Te creen un egotista y te acusan de serlo porque con frecuencia te refieres a ti mismo – ahora lo estas haciendo en este soliloquio – y hablas de ti, pero es que ese tu de escritor es algo que es de todos, es que estás en medio de la calle recibiendo las voces de todos y devolviéndolas."[26]

Se aprende que en medio de este gesto autoresignativo el hablante adopta un tono autoapologético escenificándose, una vez más, como portavoz de otros yos.

Lo que destaca en comparación a "¡Adentro!" y "El secreto de la vida" es la noción meta-dialógica que se explicita tanto en "Soledad" como en "Soliloquio". El hablante se demuestra consciente del modo comunicativo autorreferencial por lo cual es capaz de revelar, asegurar y comentar en mayor medida las condiciones principales que determinan la forma auto-dialógica, como son la soledad, la introspección y la noción terapéutica. Además, es en el gesto meta-dialógico donde parece insinuarse un continuo conceptual de escritura del yo y escritura autobiográfica.

Rasgos autodialógicos – un panorama tentativo

Resumiendo lo expuesto hasta aquí es posible identificar dos actividades claves que resaltan en el modo autodialógico y que podrían calificarse de "ensayar el yo" y "experimentar la vida":

Ensayar el yo

Bajo la forma ensayística, el autodiálogo se convierte en un campo pro-yectivo del yo. Se abre un espacio de reflexión y construcción, en el cual ensayar el yo bajo la forma de un "tú" equivale a conformarlo al escribir o hablar sobre él. La finalidad del autodiálogo sería, por lo tanto, menos la representación y el conocimiento acabados del sujeto en cuestión, sino la aplicación productiva de lo procesualmente indeterminado en el estudio del mismo. Dicho de otro modo: ensayar el yo bajo la forma autodialógica

---

26 Unamuno 1968c: 400.

significaría un manejo productivo de la contingencia y de la potencialidad del hablarse a sí y sobre sí mismo. "Y el que queremos ser y no el que somos es nuestro yo íntimo"[27], así lo advierte Unamuno en su ensayo inédito con el título llamativo "Nuestros Yos ex-futuros" que publicó en 1923. El yo se encuentra en pleno camino hacia sí mimo. En los autodiálogos ensayísticos hasta aquí estudiados se escenifican, por lo tanto, procesos de sondear la realidad y, a través de ello, se abren caminos de imaginar y hasta pre-meditar un futuro personal. Bajo la forma del consejo y del aforismo, se esbozan casos modélicos en los cuales el yo hablante o escribiente es capaz de ensayarse y observarse al mismo tiempo. La proyección individual se aplica para organizar lo que es y modelar lo que viene y en ello se escenifican actitudes y disposiciones concretas que en esta misma exposición se abren a perspectivas críticas. Es clave que, con esto, el modo autodialógico adquiere un valor autoregulativo para el sujeto 'hablante' o 'escribiente' y – no por último – para el lector histórico de los ensayos, ilustrando la interrelación entre *consolatio* y *praemeditatio* que Foucault destaca con respecto a la correspondencia epistolar.[28]

Experimentar la vida

Aún siendo formas comunicativas en primer lugar introspectivas, la confrontación con la vida y el manejo de la misma conforman un centro importante en los autodiálogos estudiados. Más específicamente, muchas veces es la vida personal en tanto fuente de contradicciones y lo contradictorio como base de la vida lo que subyace en y se explora a través del modo autodialógico y a partir de la introspección. Por su misma forma retórica que se basa en la paradoja el autodiálogo parece ser el instrumento adecuado para reflexionar sobre las contradicciones y combates que contrae la vida y resaltar su valor práctico que radica justamente en la nutrición vital. El autodiálogo conforma, por lo tanto, el espacio performativo de la paradoja. Así, podríamos advertir que el autodiálogo le da forma retórica al sentimiento trágico de la vida en tanto que ilustra, explora y da por experimentar el modo agónico bajo el cual se reúnen conceptos dispersos y opuestos, como son razón y vida, soledad y

---

27 Unamuno 1966d: 491.
28 Véase Foucault 1983: 424.

sociedad, introspección y extraversión, sujeto y objeto, monólogo y diálogo, yo y otro. Parece clave, que bajo este modo de una viva agonía el autodiálogo equivale, al mismo tiempo, a un modelo e instrumento de manejar la vida. El sujeto autodialógico reflexiona sobre su vida a través de la vida. Su raciocinio es eminentemente vivo y opera con una inmanencia de la experiencia agónico-vital en tanto dolor y miedo, de la cual la evocada situación dialógica en "El secreto de la vida" es el primer indicio.

Los actos de ensayar el yo y de experimentar la vida dan paso a procesos de constitución del sujeto. Se supone que en ello, la crisis, la autoproblematización y la duda adquieren un valor fundamental en tanto puntos iniciales y causas frecuentes del autodiálogo que no de por sí se consideran del todo superables. A partir de ello, en los ensayos estudiados a menudo se constituye una serie de indicios de como actuar frente a la vida y en medio de las paradojas y contradicciones que implica ésta. Así, la crisis se puede convertir en consejo y, más, en autosugestión. Ahora bien, a partir de su alcance pragmático-consultor que opera sobre la idea de un individuo en constante cambio y con base en su impregnación vital y personal se propone leer los ensayos autodialógicos de Unamuno como parte de una filosofía práctica que enfoca una ética del sujeto.

El autodiálogo y la filosofía práctica

Se supone que los ensayos que se conciben a principios del siglo XX ya contienen el núcleo de lo que se explora y se explicita en *Del sentimiento trágico de la vida* a partir del "punto de partida personal y afectivo de toda filosofía [...]"[29]. Ilustran que el consejo y la razón son reacciones a y consecuencias de la experiencia vital que conducen a procesos de constitución del sujeto. Dicho de otro modo: en los autodiálogos tempranos estudiados aquí se escenifica la prevalencia de la práctica vivencial que sirve como punto de partida para llegar a la formulación teórica y razonable de vías de conducta y formas de ser. En diferentes posiciones críticas se ha llamado la atención sobre la función primordial del elemento vivo e individual que subyace en la filosofía de Unamuno.[30]

---

29 Unamuno 1993: 25.

30 Así, Marías hace hincapié en "la fuente vital y apasionada de donde brotan sus palabras todas" (Marías 1950: 17) y Caprio indica el gesto personal que subyace en la filosofía de Unamuno (véase Caprio 1980: 125).

Sin embargo, aquí tratamos de ir más allá considerando los siguientes dos pasos argumentativos que encuentran su punto de anclaje en la posición expuesta y el valor filosófico de la experiencia vital: primero tratamos de conceptualizar el llamado filosofar 'personal' de Unamuno como un filosofar desde y, sobre todo, *hacia* la persona y segundo partimos de la idea de que un filosofar personal en Unamuno no significa un filosofar de reducción individualista o autobiográfica, sino que corresponde a una filosofía de proyección ética.

Con esto, aquí tratamos de desarrollar la tesis de que Unamuno se inscribe en tendencias filosóficas que en el periodo entre mediados del siglo XIX y principios del siglo XX ejercen no solamente una actitud anti-académica sino también un reencuentro con una noción ética del sujeto y, sobre todo, con la pregunta de cómo llegar a ella. Las raíces de una tal filosofía práctica o filosofía de vida se establecen ya a partir de Kierkegaard y Schopenhauer y son continuadas por Nietzsche. Estos filósofos destacan y se unen no solamente por una manera altamente subjetiva del filosofar, sino que centran sus ideas en la formulación – más o menos explícita – de una noción ética que adquiere nueva importancia en la modernidad europea.

Así, Kierkegaard, a través de una noción existencialista que – como vimos – se centra en torno al individuo y la soledad establece un nuevo 'interés personal' en la filosofía oponiéndose al pensar sistemático de Hegel. Más concretamente, en su filosofía apela a la experiencia interior y expone maneras de conducta y actitudes vitales a través de un método de comunicación indirecta que adopta de Sócrates.[31] Schopenhauer, a su vez, desarrolla toda una serie de reglas de vida y de conducta que rara vez se ha considerado en su obra: el compendio *Die Kunst, glücklich zu sein* es un texto fragmentario de 50 reglas que Schopenhauer concibe a partir de 1818 y que se inspira en el *Oráculo manual* de Baltasar Gracián que Schopenhauer había leído.[32] Curiosamente, Schopenhauer indaga la índole productiva de la soledad y la constitución del sujeto afirmando lo que Unamuno años después constatará de manera parecida: "Was einer für sich selbst hat, was ihn in die Einsamkeit begleitet, und keiner ihm geben und nehmen kann: dies ist viel

---

31 Véase Gardiner s. f.: 53–54.
32 Véase Volpi 2017: 13.

wesentlicher als alles, was er besitzt, oder was er in den Augen andrer ist."[33]
Asimismo, Nietzsche enfoca el manejo de la vida ética y retoma aspectos de
la antigua filosofía de la vida.[34] Afirma que el sujeto se constituye a partir
del contexto práctio de la vida.[35] Desde esta perspectiva, Nietzsche incluye
a su propia persona en un tal filosofar práctio. Así, afirma en su *Fröhliche
Wissenschaft*: "Leben – das heißt für uns Philosophen alles, was wir sind,
beständig in Licht und Flamme verwandeln; auch alles, was uns trifft, wir
können gar nicht anders."[36]

En diferentes momentos, la crítica ha destacado una cercanía con la filosofía de vida para la obra de Unamuno.[37] En estas perspectivas se subrayan
a menudo los momentos anti-positivistas, anti-sistemáticos y anti-raciona-
listas de esta índole filosófica que se reflejaría también en el pensar de Unamuno.[38] Si bien es cierto que un aspecto anti-sistemático no se puede negar
en la obra de Unamuno, habría que considerar, sobre todo, la prevalencia
de la experiencia vital y su exposición ética como principal base argumentativa de los así llamados "filósofos de vida" cuyo reflejo se presenta en el
modo autodialógico.

En su ensayo *Del sentimiento trágico de la vida*, Unamuno retoma esta
índole ético-personal del filosofar, sosteniendo que "toda teoría filosófica
sirve para explicar y justificar una ética, una doctrina de conducta que surge
en realidad del íntimo sentimiento moral del autor de ella."[39] Con respecto
a dicho ensayo son, sobre todo, dos capítulos en los que se explicita esta
constatación dando lugar también a un gesto metatextual:

---

33 Schopenhauer 2017: 99.
34 Véase Mchedlidze 2013: 95.
35 Véase Bianchi 2016: 65.
36 Nietzsche 1999: 11. Las versalitas son del original.
37 Hay otras posiciones que califican la obra de Unamuno de (pre-)existencialista
    (véase Elizalde 1983: 11, Wogatzke 2012: 165 y Marías 1953: 101s).
38 Véase Garagorri 1985: 21, Oromí 1943: 88–89 y Curtius 1983: XVII. Para una
    temprana perspectiva crítica hacia la filosofía de vida de Unamuno se puede
    consultar el estudio *Die Grundstimmung in Miguel de Unamunos Lebensphi-
    losophie* de Jakob Kessel que data de 1937. Kessel critica por ejemplo la falta
    de "energía lógica" ["logische Energie" (Kessel 1937: 11)] y el desmesurado
    "comportamiento emocional" ["Gefühlsverhalten" (Kessel 1937:11)] en Una-
    muno y lo contrapone a la filosofía de Dilthey.
39 Unamuno 1993: 158.

En el capítulo "En el fondo del abismo", Unamuno explica que es la desesperación resultante de la contradicción continua entre razón y vida – núcleo del ser agonal que, además, se califica de productivo – la que puede conllevar líneas de conducta y raciocinios específicos:

> "Y hemos llegado al fondo del abismo, al irreconciliable conflicto entre la razón y el sentimiento vital. Y llegado aquí os he dicho que hay que aceptar el conflicto como tal y vivir de él. Ahora me queda el exponeros cómo, a mi sentir y hasta a mi pensar, esa desesperación puede ser base de una vida vigorosa, de una acción eficaz, de una ética, de una estética, de una religión y hasta de una lógica."[40]

Me parece que son dos pasos argumentativos claves que se presentan aquí: primero, el modo agónico se considera un elemento inherente de la vida; segundo, la contradicción y la resultante desesperación pueden fundamentar un reglamiento de conducta. Se insinúa el manejo de la vida y la constitución del sujeto en tanto vivencia de paradoja y lucha así como a partir de la emoción.

En el capítulo "El problema práctico" se explicita la interrelación entre el aspecto vivencial y racional:

> "[...] quiero establecer que la incertidumbre, la duda, el perpetuo combate con el misterio de nuestro final destino, la desesperación mental y la falta de sólido y estable fundamento dogmático, pueden ser base de moral. [...] Es la conducta, la práctica, la que sirve de prueba a la doctrina, a la teoría."[41]

Así, es la vida misma que sugiere y hasta impone las reglas de conducta y la base del razonamiento, constelación de una predominación de la acción sobre el pensamiento que se prefiguró en los ensayos breves estudiados más arriba. Con esto, Unamuno parece acercarse a las bases prácticas de la filosofía de vida considerando pensamientos y conceptos como resultados tanto de la vida como de la esfera personal y emocional estableciendo, al mismo tiempo, que la realidad de la experiencia y de la emoción difícilmente se abarcan conceptualmente. Es más: sospecha que

> "nuestras doctrinas éticas y filosóficas, en general, no suelen ser sino la justificación a posteriori de nuestra conducta, de nuestros actos. Nuestras doctrinas suelen ser el medio que buscamos para explicar y justificar a los demás y a nosotros mismos

---

40 Unamuno 1993: 154.
41 Unamuno 1993: 266–267.

nuestro propio modo de obrar. Y nótese que no sólo a los demás, sino a nosotros mismos."[42]

Ante esta voluntad de explicación y justificación Unamuno proclama y ejerce la dinámica de una filosofía ético-personal que se contiene y se contenta primordialmente con la vivencia de la emoción y el experimento de la contradicción. Sólo en un segundo paso llega a un nivel de generalización donde el aspecto ético-personal se proyecta hacia el exterior.

Así, al final del ensayo, Unamuno hace referencia al aspecto performativo y metatextual en *Del sentimiento trágico de la vida* en tanto que insinúa que este texto mismo practica una voluntad de exposición a la contradicción vital, dando cuenta de una especie de autodiálogo escondido:

> "Es, pues, la filosofía también ciencia de la tragedia de la vida, reflexión del sentimiento trágico de ella. Y un ensayo de esta filosofía, con sus inevitables contradicciones o antinomias íntimas, es lo que he pretendido en estos ensayos. Y no ha de pasar por alto el lector que he estado operando sobre mí mismo; que ha sido este un trabajo de autocirugía y sin más anestésico que el trabajo mismo. El goce de operante ennoblecíame el dolor de ser operado."[43]

Unamuno expone aquí un modo filosófico eminentemente personal proponiendo y escenificando su propia persona como modelo del sujeto agónico, modelo que sin embargo no queda aislado o ensimismado, sino que se dirige expresamente al otro, en este caso, al yo del lector histórico. En continuación a los ensayos anteriormente estudiados, en *Del sentimiento trágico de la vida* se ilustra, con esto, una predominación de la ambivalente experiencia individual – "el goce de operante" así como "el dolor de ser operado" – y su implicación para la autoconstitución. En ello, la proyección ética de su filosofía reside en la permanente presencia virtual del otro; Unamuno tiene en mente al otro y, así, trata de superarse a sí mismo.

Es a partir de la índole tan experiencial como autosugestiva que subyace en los ensayos de Unamuno que es posible corroborar los argumentos de una cercanía con una filosofía de vida que encuentra su base paradigmática en un aspecto ético-práctico. La perspectiva crítica de Carlos París se acerca a un tal alcance de la obra unamuniana. Así que afirma: "No se trata

---

42 Unamuno 1993: 266.
43 Unamuno 1993: 313.

de construir una ontología sistemática, sino de algo previo y decisivo, no menos importante, hacernos vivir la experiencia de ser."[44]

Aquí destaca un momento argumentativo básico de la filosofía de vida, indicado ya anteriormente: la voluntad de devolverle al pensamiento su realidad vital. Tanto Karl Albert y Elenor Jain como Alexander Gantschow argumentan que en consecuencia de esta revitalización del pensamiento el individuo es capaz de constituir una actitud hacia sí mismo que adquiere a menudo una forma ética.[45] Así, entienden la filosofía de vida como base de una forma de vida que, a través del *cura sui*, abre nuevas posibilidades de la constitución y formación del yo – potencialidades que radican tanto en el ensayo del yo como en el experimento de la vida llevados a cabo por Unamuno en el horizonte del individuo cambiante.

A manera de conclusión

En torno a las actividades autodialógicas claves de ensayar el yo y experimentar la vida los ensayos de Unamuno conforman un continuo de la escritura del yo que adquiere un alcance múltiple en tanto ética de sujeto y exploración autocentrada. Puesto que dinamiza y vitaliza el pensamiento, abriendo así procesos constitutivos del sujeto, el autodiálogo se puede considerar como elemento principal de una filosofía práctica unamuniana. En este sentido, la forma autodialógica apunta a un continuo experimentarse y, para utilizar un neologismo unamuniano, a un continuo "obrarse", paso inicial en el camino al "serse".[46] Es decir, durante y a través del autodiálogo, el yo deviene una relación que versa sobre sí misma acercándose a la definición que dio Kierkegaard del "Selbst" como categoría utópica del individuo.[47]

---

44 París 1989: 175.
45 Véase Albert/Jain 2000: 24–25 y Gantschow 2011: 246.
46 Véase Unamuno 1971: 195.
47 Así, Kierkegaard afirma en su *Der Begriff der Angst*: "Aber was ist das Selbst? Das Selbst ist ein Verhältnis, das sich zu sich selbst verhält. Der Mensch ist eine Synthese von Unendlichkeit und Endlichkeit, vom Zeitlichen und Ewigen, von Freiheit und Notwendigkeit, kurz eine Synthese. Eine Synthese ist ein Verhältnis zwischen zweien. So betrachtet ist der Mensch noch kein Selbst." (Kierkegaard 2009: 666)

Por consiguiente, en el doble juego de exteriorización e interiorización de esta autorelación y a través de una pluralización del yo que se efectúa en él, se esbozan modelos de acción y comportamiento, se ejemplifican técnicas del yo, se explicitan consejos y autosugestiones y se evocan posibilidades del cambio del sujeto en crisis. En ello, Unamuno retoma la forma de "comunicación indirecta" que Kierkegaard emplea en la mayoría de sus escritos para representar dimensiones (a veces cuestionables) de ser.[48] Así, concibe una implícita retórica de consejo que se basa, sobre todo, en la noción sugestiva de la llamada dialógica que se dirige al otro, a parte de servirse del rasgo potencial y contingente de la forma ensayística. El autodiálogo deviene, así, en un ejercicio de entrenar ciertas vías de conducta y disposiciones de comportamiento, conformando un espacio para la configuración de la buena vida y del sujeto ético que se experimenta primordialmente como un sujeto autoregulativo. Si bien muchas veces parece ser un sujeto en crisis que se encuentra al centro de los ensayos unamunianos, es menos la existencia desesperada del mismo que se enfoca en ellos, sino más bien la idea prospectiva de una vida manejable.

Un objetivo social que parece subyacer, por lo tanto, en la exposición y el entrenamiento del modo autodialógico es de capacitar el sujeto para el enfrentamiento y el manejo productivo con la heterogeneidad de su ser y de su entorno. Ello se cumple en mayor medida en el autodiálogo de forma escrita, en las cartas y respuestas virtuales. Es ahí donde se conforma un concepto de una escritura polivalente del yo que oscila entre un filosofar desde y un filosofar hacia la persona. Entremedio se escenifica un abrirse al mundo escondido, al contradictorio universo invisible que radica en el fondo de todos los yos.

Bibliografía

Albert, Karl/Elenor Jain (2000): *Philosophie als Form des Lebens. Zur ontologischen Erneuerung der Lebensphilosophie.* Freiburg/München: Verlag Karl Alber.

Bianchi, Sarah (2016): *Einander nötig sein. Existentielle Anerkennung bei Nietzsche.* Paderborn: Fink.

---

48 Véase para una descripción detenida de la función de la "comunicación indirecta" en Kierkegaard Gardiner s. f.: 53–54.

Butzer, Günter (2008): *Soliloquium. Theorie und Geschichte des Selbstgesprächs in der europäischen Literatur.* München: Fink.

Caprio, Adolfo P. (1980): "Unamuno, filósofo de la subjetividad". En: Antonio Sánchez-Barbudo (ed.): *Miguel de Unamuno.* Madrid: Taurus, pp. 123–149.

Curtius, Ernst Robert [1926] (1983): "Introducción". En: Miguel de Unamuno: *Del sentimiento trágico de la vida. La agonía del cristianismo.* México D. F.: Editorial Porrúa, IX–XXIII.

Elizalde, Ignacio (1983): *Miguel de Unamuno y su novelística.* Zarautz: Caja de Horros Provincial de Guipúzcoa.

Foucault, Michel (1983): "L'écriture de soi". En: Michel Foucault: *Dits et Écrits.* IV. 1980–1988. Paris: Gallimard, pp. 415–430.

Foucault, Michel (2007): *Ästhetik der Existenz. Schriften zur Lebenskunst.* Herausgegeben von Daniel Defert und François Ewald unter Mitarbeit von Jacques Lagrange. Ausgewählt und mit einem Nachwort von Martin Saar. Frankfurt a. M.: Suhrkamp.

Gantschow, Alexander (2011): *Das herausgeforderte Selbst. Zur Lebensführung in der Moderne.* Würzburg: Königshausen & Neumann.

Garagorri, Paulino (1985): *La filosofía española en el siglo XX. Unamuno, Ortega, Zubiri.* Madrid: Alianza Editorial.

Gardiner, Patrick (sin año): *Kierkegaard.* Aus dem Englischen von Richard Purkarthofer. Freiburg/Basel/Wien: Herder.

Kessel, Jakob (1937): *Die Grundstimmung in Miguel de Unamunos Lebensphilosophie.* Düsseldorf: Dissertationsverlag G.H. Nolte.

Kierkegaard, Sören (2009): *Der Begriff der Angst. Philosophische Schriften 2.* In der Übersetzung von Christoph Schrempf, Wolfgang Pfleiderer und H. Gottsched. Frankfurt a. M.: Zweitausendeins.

Marías, Julián (1950): *Miguel de Unamuno.* Madrid: Espasa Calpe, S. A.

Marías, Julián (1953): *El existencialismo en España. Presencia y ausencia. La novela como método del conocimiento. Ortega y la idea de la razón vital. La obra de Unamuno.* Bogotá: Ed. Universidad Nacional de Colombia.

Marquard, Odo (2013): *Der Einzelne. Vorlesungen zur Existenzphilosophie.* Stuttgart: Reclam.

Mchedlidze, Gocha (2013): *Der Wille zum Selbst. Nietzsches Ethik des guten Lebens*. München: Fink.

Nietzsche, Friedrich (1990): *Die fröhliche Wissenschaft*. Herausgegeben mit Anmerkungen zum Nietzsche-Text und mit einem Essay: *Friedrich Nietzsches „Fröhliche Wissenschaft" oder Vom zerbrechlichen Gleichgewicht einer Philosophie* von Renate Reschke. Leipzig: Reclam.

Oromí, Miguel (1943): *El pensamiento filosófico de Miguel de Unamuno. Filosofía existencial de la inmortalidad*. Madrid: Espasa-Calpe, S.A.

París, Carlos (1989): *Unamuno. Estructura de su mundo intelectual*. Barcelona: Anthropos.

Schopenhauer, Arthur (2017): *Die Kunst, glücklich zu sein. Dargestellt in fünfzig Lebensregeln*. Herausgegeben von Franco Volpi. München: Verlag C. H. Beck.

Simmel, Georg (1922). [1918]: *Lebensanschauung. Vier metaphysische Kapitel*. München/Leipzig: Verlag von Duncker & Humblot.

Unamuno, Miguel de (1966a): "¡Adentro!". En: *Obras Completas I. Paisajes y ensayos*. Manuel García Blanco (ed.). Madrid: Escelicer, pp. 945–953.

Unamuno, Miguel de (1966b): "Una entrevista con Augusto Pérez". En: *Obras Completas VIII. Autobiografía y recuerdos personales*. Manuel García Blanco (ed.). Madrid: Escelicer, pp. 360–366.

Unamuno, Miguel de (1966c): "Soledad". En: *Obras Completas I. Paisajes y ensayos*. Manuel García Blanco (ed.). Madrid: Escelicer, pp. 1251–1263.

Unamuno, Miguel de (1966d): "Nuestros Yos ex-futuros". En: *Obras Completas VIII. Autobiografía y recuerdos personales*. Manuel García Blanco (ed.). Madrid: Escelicer, pp. 490–494.

Unamuno, Miguel de (1967): "La agonía del cristianismo. Prólogo a la edición española". En: *Obras Completas VII. Meditaciones y ensayos espirituales*. Manuel García Blanco (ed.). Madrid: Escelicer, pp. 305–306.

Unamuno, Miguel de (1968a): "A un literato joven". En: *Obras Completas III. Nuevos ensayos*. Manuel García Blanco (ed.). Madrid: Escelicer, pp. 332–335.

Unamuno, Miguel de (1968b): "El secreto de la vida". En: *Obras Completas III. Nuevos ensayos*. Manuel García Blanco (ed.). Madrid: Escelicer, pp. 876–885.

Unamuno, Miguel de (1968c): "Soliloquio". En: *Obras Completas III. Nuevos ensayos*. Manuel García Blanco (ed.). Madrid: Escelicer, pp. 397–401.

Unamuno, Miguel de (1971): *Diario íntimo*. Madrid: Alianza Editorial.

Unamuno, Miguel de (1993): *Del sentimiento trágico de la vida*. Introducción de Pedro Cerezo-Galán. Madrid: Espasa-Calpe.

Volpi, Franco (2017): "Vorwort". En: Arthur Schopenhauer: *Die Kunst, glücklich zu sein. Dargestellt in fünfzig Lebensregeln*. Herausgegeben von Franco Volpi. München: Verlag C. H. Beck, pp. 7–19.

Wogatzke, Gudrun (2012): "La vida es sueño: del discurso ortodoxo calderoniano al discurso existencialista unamuniano". En: Jochen Mecke (ed.): *Discursos del 98. Albores españoles de una modernidad europea*. Madrid/Frankfurt a. M.: Iberoamericana/Vervuert, pp. 163–176.

Zavala, Iris M. (1991): *Unamuno y el pensamiento dialógico*. Barcelona: Anthropos.

Rike Bolte

Nictografías unamunianas: de la muerte pensada a medias al miedo mortal poetizado

Abstract: The inexhaustible work of Unamuno contains a series of death-related thoughts. More precisely, it represents a cardinal spanish (and therefore 'periferic') 19-century-thanatology, as the philosopher incessently considered the mercilessness of death the cardinal issue of human condition. Unamuno examined death and even created a genuine deaths' typlogy referring to categories like otherness, the figure of *alter ego*, and fear. Nevertheless he does this not only in his narrative, but also in his poetry work.

The focus of this essay lies in how unamunian poetry – in fact, the rather neglected part of the spanish philosopher's work – conceives fear as a dispositif which anticipates and preforms death, and especially how the unamunian rhetoric of fear anticipates and premodules death. As an additional assumption, the essay identifies a specific cronotope within Unamunos hollows, in both a pragmatic and metaphoric way, the pair of fear and death: night. The way the author prefers to move from his philosophy of death to this poetic cronotope is designated as nictographic, and nictographic poetics are considered as an aesthetic of intensified afect.

It is sufficiently known that Unamuno disclaimed reasonable discourses. In this sense, his night-poetry, and more specifically the poems "Vendrá de noche" (1928) and "Es de noche" (1907), seem to be based on a phenomenoloy of night, and readable as pieces of a dislocated manner to aprehend fear and death, as well as fear of death.

Key Words: Unamuno, Fear, Death, Thanatology, Poetry, Phenomenology of Night, Nictographic Poetry

> *Diese Nacht erblickt man wenn man*
> *dem Menschen ins Auge blickt –*
> *in eine Nacht hinein, die furchtbar wird, –*
> *es hängt die Nacht der Welt hier einem entgegen.*
>
> *Hegel*

Hab ich Angst vor den Arbeitern? Ja.
Hab ich Angst, dass sie aufhören zu
arbeiten? Vielleicht. Hab ich Angst, dass
sie mich verachten? Ja. Hab ich Angst
vor den Angestellten? Ja. Weil sie schlau
sind? Nein, weil sie schlechte Dinge
ausführen. Und keine Phantasie haben.
Hab ich Angst vor den Kritikern? Nein.
Vor Arbeitslosen? Nein. Sie haben genug
Zeit. Vor dem Wahnsinn? Ja. Vor dem
eigenen oder dem der Arbeitslosen?
Vor dem Wahnsinn an sich. Nicht nur
dem im Schatten, was ich oder die
Arbeitslosen kriegen, sondern auch
dem der Sonne, woran die Getragenen
leiden. Auch im Helikopter zu sitzen
verbiegt den Nacken. [...] Was ist
also die Schwierigkeit beim Schreiben?
Die Angst vor den Angestellten.

Ann Cotten

„*Elitäre Gedichte haben Angst*"

Hablando de miedo: una invitación cortazariana, y otras estrategias para un afecto intensificado

Corre el año 1983. Terminada la última dictadura cívico-militar argentina, Julio Cortázar en un texto titulado "De una infancia medrosa" que publicaría el diario mexicano *Proceso*, resume los miedos que reinaron en su infancia. Un "terreno ambiguo", así el autor argentino, habría sembrado su miedo infantil, creando, en alianza con una simultánea "atracción morbosa", una siniestra atmósfera, ininterrumpidamente noctámbula. En este contexto, Cortázar identifica al miedo como "lo otro", remitiéndose a la denominación ocurrente en la literatura anglosajona, *the thing*: cosa de aparición repentina, imprecisa y espeluznante, ante la cual no habría más respuesta que la fuga, y contener el aliento.[1]

La literatura neo-fantástica, como la cortazariana, sintoniza su tratamiento del miedo con las conceptualizaciones que nos vienen del psicoanálisis, cubriendo un espectro que va desde el *miedo real* hasta el *miedo neurótico*.

---

1 Cortázar 1983.

Entre las re-escrituras de las visiones freudianas, las de Julia Kristeva disertan sobre lo abyecto: según esta autora, lo que provoca aversión – y por lo tanto participa de una variante del miedo –, no sería, en principio, un objeto, mas un factor estatual que perfora las barreras del yo.[2] Lo abyecto pone en evidencia que la vida se encuentra desde ya infectada de muerte y del tal modo desmonta los mecanismos narcicistas inherentes al sujeto.[3] A su vez, los ecos de su función psicodinámica retumban en las expresiones simbólicas, por ejemplo en la literatura que configura fenómenos como la violencia, el dolor, la desaparición, la aniquilación, e igualmente los fenómenos paradójicos o perversos: el morbo por la muerte.

Cortázar en su texto de 1983 concluye que "un mundo sin miedo sería un mundo demasiado seguro de sí mismo", "mecánico". El escritor argentino declara desconfiar de quienes "afirman no haber tenido nunca miedo", suponiendo que se trataría o bien de meros afirmadores, de "mentirosos", o inclusive de "robots disimulados". Para terminar, agrega un "y hay que ver el miedo que me dan a mí los robots"[4].

Sobre este *tableau* proponemos enfocar ciertos trazos de la poética de Unamuno, que no sin razón ha sido puesto en relación con Cortázar. Además, Carlos París ha observado que en la obra del filósofo español, la idea de la creación estética como un ideal fenómeno cuasi natural estaría contrapuesta a la imagen de una obra "meramente técnica", robótica (y fobogénica)[5]. Así, parecería ser transferible la configuración truculenta traida a colación por Cortázar donde se refiere a lo robótico, también si se consulta un enfático artículo de prensa de Unamuno publicado en 1915, "El dolor de pensar", donde el autor se dirige a su contemporáneo "señor lector" que supone "engañado" por un "pensamiento muerto" o por "esqueletos de pensamiento". Unamuno hace alusión a Aristóteles y Horacio, para después alebrestar contra los escritos burócraticos y espanta-burgueses, superficiales, y poder confesar que el mismo escribiría con

---

2 Véase Kristeva 1980.
3 Véase von Kernberg 2006; Böhme 2012.
4 Cortázar 1983.
5 París 1989: 384.

"sangre"[6]. Luciéndose como "pensador trágico"[7], construye un modelo de escritura contra el adormecimiento, que se empeña en enfrentarse con la muerte como tópico clave y que a la vez es impulsado por un mandato de la supervivencia. Su fichas favoritas: la figura del yo-otro y el miedo. A través de ellas, Unamuno calibra la muerte.

Siendo esto así, Dezsö Csejtei en *Muerte e inmortalidad en la obra filosófica y literaria de Miguel de Unamuno* esboza una gran tipología de la muerte unamuniana y explica: "Unamuno creó una de las más grandes epopeyas de la tanatología filosófica del siglo XX"[8]; mientras que Fernández Sola adscribe esta "fortaleza" al "universo tanatológico premoderno" de una España periférica, desde la cual el pensamiento unamuniano se habría desplegado, Salamanca siendo el lugar de arraigamiento de esta monumental visión trágico-agónica.[9]

Los estudios unamunianos en general han reparado con esmero las visiones de la muerte unamunianas; no parecería haber mucho que agregar. En lo que sigue quisiéramos proponer un enfoque que aprehenda al miedo como un dispositivo elegido por Unamuno para premodular la muerte, sirviéndose de una retórica del miedo como una estrategia de la premeditación. Identificamos además un espacio, o cronotopos, de revelación pragmático-mefórica de este miedo/muerte: la noche, y el dictum de pensar (y de temer) en este espacio-tiempo particular. Proponemos llamar esta poética, la de trasladar el pensamiento y el acto de escribir a la noche, nictográfica, y entenderla como una estética del afecto intensificado. Otra faceta sobre la cual queremos poner la mira es el hecho que Unamuno, como es sabido, contrarrestaba los discursos demasiado dilucidadores; y que en consecuencia se podría plantear si en contraste con la lógica de la filosofía, la poesía con sus estratagemas específicos de la intensificación se adecuaría especialmente a los intereses de este pensador tan intuitivo o asociativo: la poesía como un decir dislocado.

---

6 Unamuno 1915; El artículo fue publicado el 7 de agosto de 1915 en *La Esfera*. Se encuentra escaneado en línea, incluidas sus correcciones: https://gredos.usal.es/jspui/bitstream/10366/80662/1/CMU_4–131.pdf. (15.9.18).
7 Villar Escurra 2007: 242.
8 Csejtei 2004: 111.
9 Fernández Sola 2012: 205–207.

Dado que la poesía unamuniana en el corpus bibliográfico de los estudios unamunianos es ciertamente un capítulo desplazado, hallamos en esta propuesta además una 'labor espejo'. Pues, por más que Julio García Morejón ya en 1966 haya aclarado que "Unamuno, novelista genial, ensayista apasionado, dramaturgo sólido, fue, ante todo, un gran poeta. Nunca novelista, ensayista, dramaturgo, profesor y publicista y, además poeta, sino sólo poeta, y además lo otro"[10], falta intensificar el estudio de este aspecto de la obra unamuniana, denigrado por la suposición de que de un filósofo se debiera únicamente esperar una tarea filosófica y no versos. No sin razón, Unamuno ya en 1899 en el relato "Una visita al viejo poeta" anticipa la preocupación que se volvería clave para el, cuando en este texto el (viejo) poeta declama ante el "joven literato": "¡La vida! ¡En ella me he enterrado, he muerto en vida en ella misma! ¡Hay que vivir! ¿Y para qué?... Esto es, ¿para qué?... ¿Para qué todo?, dígamelo. ¿Para qué?... ¿Para qué? [...]", y esta aterradora inquietud retumba en el protagonista "con quebrado vuelo, cual invisible murciélago"[11].

1. Devoraciones/expresiones, o de cómo se hace el miedo a la muerte en Unamuno

Es Jaime Alazraki, exégeta de Cortázar, quien relaciona al escritor argentino con Unamuno.[12] Entreviendo en *Rayuela*, "santo y seña" de la escritura cortazariana, un paradigma del 'cómo hacer una novela', Alazraki enlaza las estrategias lúdicas e interruptivas aplicadas en esta obra latinoamericana con el digresivo relato que Unamuno redacta entre 1924 y 1927, con *Cómo se hace una novela*[13]. Alzaraki pone énfasis en que *Rayuela* estaría consustancialmente comprometida con el principio binario entre lo intelectual y lo anti-intelectual[14] y que el "catador" de la literatura latinoamericana

---

10 Citado por Álvarez Castro 2015: 77.
11 Unamuno 1899.
12 Otro escritor argentino prominente puesto en relación con Unamuno sería Ernesto Sábato (véase Hermosilla Sánchez 2007). Para una perspectiva más general sobre Unamuno y Latinoamérica véase Maíz 2010.
13 Este texto en España se publica recién en 1950, con una edición censurada.
14 Alazraki 1994: 8; 178; 233.

Unamuno[15], habría a su vez siempre aconsejado curar el excesivo intelectualismo con moderadas dosis de anti-intelectualismo.

Bajo este rubro del anti-intelectualismo, París por su parte subsume toda obra no-subordinada, autónoma, y la retrata como invasora, inclusive de los terrenos de la libido y de lo espiritual. Siempre expuesta a las dinámicas de este entendimiento, la obra de Unamuno oscilaría entre el "esfuerzo de construcción de un nosotros"[16] y el intento de construcción de un amor o una integridad propia. Un proyecto destinado al fracaso, por lo menos si se toma en consideración la enajenación en la que el otro (o el yo alterado) se vuelve objeto, "presa" o "instrumento" expuesto a la devoración de quien lo identifica como tal y lo persigue.[17]

A este disfórico modelo del contacto interpersonal que París vislumbra en Unamuno, a esta idea del contacto "devorante" e "instrumental", sin embargo se interpone como una opción positiva el "contacto expresivo, estético" encargado de convertir a la "realidad humana" en una "potencia moldeable" (aunque sea en el contexto de la relación con el otro). Ahora, según París la "ambigüedad" nacida de la competencia entre los dos modelos – uno devorador, el otro expresivo –, habría sido intuida por los mundos diegéticos de Unamuno al remitir estos a las variables del principio devorador, ubicado entre los polos de lo tanático y lo erótico. Sobre el fondo de la "instrumentalización" mediante la que un sujeto rige sobre otro, Unamuno habría trazado la "patética voluntad de unión definitiva": la de convertirse, tras un acto de "entrega máxima" en "alimento" (del otro, de Dios).[18]

Estas observaciones de París pueden servir como un componente para la construcción de una vía hacia el estudio del miedo y la muerte en la obra de Unamuno; siempre que en el se atisbe también el juego unamuniano con el yo. En cuanto concepto múltiple, el yo, en términos generales cubre todo una serie de acepciones (el de probador de realidad, identificador de persona, yo deíctico, instancia intrapsíquica, etc.), y además es multiplicado por las distintas constituciones y deconstituciones que ensayan la estéticas modernas. En el caso de Unamuno, el yo es aprehendido como un yo-otro: atrapado

---

15 Alazraki 1994: 341.
16 París 1989: 384.
17 París 1989: 382.
18 París 1989: 385.

en una "dualidad" frente a un tú[19], mas ante todo azotado por su propio desdoblamiento. "El Otro", pieza de teatro estrenada en 1932 en el teatro Español en Madrid, da fe de tales confusiones latentemente inherentes a las opciones de identificación, mímesis y disociación del yo en Unamuno.

Existen muchos disparadores para una desestabilización, crónica o aguda, del yo. Sin lugar a duda, uno es el miedo. Siendo el miedo a la muerte quizás el más tenaz, en lo que sigue nos dedicaremos a esta copla en relación a la poesía de Unamuno. Nuestro punto de partida es tanatológico; además, sondeamos en la expresión del miedo como un ejemplar fenómeno cognitivo-afectivo de gran intensidad.

2. La poética del afecto intenso: *metus causa* y la causa contra el miedo

Hasta la fecha, el *factum brutum* de la muerte – el cese de la vida que se produce al extinguirse el proceso homeostático de un sistema o ser vivo – no ha sido entendido en su complejidad por las ciencias exactas. Con más razón desde la (antropo-)tanatología se lo enfoca como un fenómeno cultural que además de considerar las causas orgánicas o naturales de la muerte (y de la muerte humana en especial), reflexiona sobre la muerte inducida (en forma de homicidio, suicidio volutivo o depresivo, etc). También, la tanatología estudia las expresiones de duelo y la tanatopraxia, además de supervisar las medidas de la medicina paliativa; mientras que el objeto de la tanatología ligada a las ciencias culturales sería por ejemplo el carácter inenarrable de la muerte y su consiguiente inaccesibilidad desde el punto de vista hermenéutico[20]: la muerte (propia) no puede ser 'experimentada' y relatada, o solamente en un sentido preliminar. Así, la muerte es un desafío

---

19 Sanmartín Pérez 2009; Rosa Sanmartín Pérez persigue esta dualidad en el teatro de Unamuno, como "dualidad existencialista" que experimenta el yo frente al otro (en *El Otro, Sombras de sueño* y *El hermano Juan*).

20 Macho 2000: 91s.; La bibliografía tanatológica es amplia; partiendo de las reflexiones sartrianas hasta una serie de obras antropológicas, algunas de ellas monumentales. Podríamos incurrir en este campo, pero nos contentamos con citar a Thomas Macho, autor que más allá de haber publicado en 1987 un estudio sobre las metáforas de la muerte, se ha dedicado a estudiar las nuevas (y paradojas) visibilidades (televisivas y comerciales) de la muerte.

para la teoría y la estética de la representación y depresentación, siendo el cadáver un objeto presente perturbador, paradójico, que podría provocar un *délire de toucher*[21] movido por la inquietud si el sujeto desaparecido realmente habría dejado de ser.

La tradición de los *ars moriendi* medievales, el tópico del *memento mori*, etc., son otras de las variantes que atestiguan de cómo la incógnita de la muerte es una inquietud culturalizada. También participa de la culturalización del miedo a la muerte la consciencia de la finitud. Si bien el miedo a la muerte se debe a que esta afecta al individuo en su integridad física, su subjetividad y en el estatus óntico de su yo y así determina la constitución psicofísica del miedo, incluida la bio-energética, va de su mano la modulación cultural que desemboca en distintos formatos expresivos. Estos equivaldrían a una re-presentación de la presencia (existencial y vital) ventilada por el miedo y a aquella de los objetos (*Selbstobjekte*) que el sujeto necesita para la supervivencia de sí mismo hasta la muerte[22].

El miedo es, en el principio, una emoción primaria; puede ser desatado por una amenaza real o por una imaginada, poseyendo variantes que se expanden desde la ansiedad hasta el terror y que se relacionan, en su graduación, a la respectiva dimensión de la amenaza, desplegándose en versiones 'reales' o neuróticas. Lo 'real' del miedo se deduce de su aspecto expresivo físico, manifestación somática o lenguaje corporal como garante de autenticidad; mientras que el miedo más abstracto se diferencia del temor dirigido hacia un objeto.[23] Existen así variedades y valencias del miedo que terminan configurando un vasto espectro que llega hasta la sensitividad de la ansiedad (*Angstsensitivität*) y los trastornos de ansiedad, incluida la retroalimentación del propio miedo (*fear of fear*, fobofobia), espectro estudiado desde las teorías conductistas y a la vez aprehendido desde la psicología profunda.

---

21 El *délire de toucher* significa por un lado una fobia de tocar (*Berührungsangst*, en alemán), pero también el impulso – o la obsesión – de tocar objetos o cosas (en este caso a un muerto). (Véase la definición histórica, contemporánea a Freud: Sollier 1893).

22 von Kernberg/Hartmann 2006: 675.

23 En alemán existe la palabra *Furcht*, para denominar el miedo más canalizado, en comparación con *Angst*, palabra de raíz indogermánica que posee equivalentes latinos y fue trasferida al inglés, significando un miedo existencial.

Durante el siglo XIX, los temores relacionados con la muerte estaban estrechamente vinculados a los miedos acerca de la vida después de la muerte así como relacionados con la inquietud sobre el diagnóstico correcto del deceso (o dicho de otra manera: existía el miedo de que pudiese ocurrir un entierro prematuro). En nuestro tiempo, por el contrario, es mayor la preocupación ante la obligación de permanecer vivos más de lo debido. Es el personal médico, en vez de los clérigos, que preside sobre la muerte; los debates actuales sobre la eutanasia y la muerte asistida están relacionados con estos cambios. Como veremos más adelante, también Unamuno compartió un miedo a la prolongación artificial de la vida. Por tanto, más pertinente aún es de detenros ante el miedo como una manifestación afectiva de índole crítica.

Como demostró por ejemplo Joanna Bourke, autora de *Fear: A Cultural History* (2006), o una década antes Hartmut Böhme (1996)[24], la existencia y configuración del miedo varía según las épocas y las condiciones históricas, tratándose de tal modo de un complejo entre óntico y epistémico. Böhme revela el significado del miedo en términos fenomenológicos, remitiendo a una fórmula paratáctica que remonta a Johann Gottfried Herder, de ademán anticartesiano: "Ich fühle mich! Ich bin!" ("¡Me siento! ¡Soy!"). El miedo se perfilaría aquí cual articulación ejemplar de la afectividad, consustancialmente ligada al "sentirse" (propio) y a la sincronizidad del sentir y del ser ("Fühlen und Sein"[25]). Vislumbramos en esta ecuación, que Fernández Sola apostrofa como "voluntarismo del sentimiento"[26] al "hombre de carne y hueso", a la criatura aullante de Unamuno, sobre la cual también volveremos más adelante.

Hasta aquí se nos presentan las siguientes preguntas: si el miedo puede ser declarado una 'causa' (*metus causa*)[27], ¿cuál sería la causa *contra* el miedo? ¿Y cuáles serían los dispositivos que elige la literatura, ante todo la que se remite a la lógica (poética) del afecto[28]? Podríamos suponer lo que

---

24 Véase además, desde el mundo hispánico, Marina 2006 y Korstanje 2011.
25 Böhme 2003: 27–29.
26 Fernández Sola 2012: 205.
27 *Metus causa*, 'por causa del miedo', es una ley establecida en Roma en 79 a.C., como instrumento para invalidar la responsabilidad de declaraciones o pleitos acontecidos bajo miedo.
28 Para un vasto estudio sobre la poética del afecto véase Meyer-Sickendiek 2005.

buscamos entre las medidas escriturales de la (auto)-obervación, las escrituras sensibles frente a estados como el acorralamiento, o, al contrario, el vacío, y la falta de *containment*. O entre los intentos de hablar del miedo de devenir presa – y peor, presa fácil – en términos quasi-animales, y el miedo a las amenazas psíquicas; podríamos hablar de un *embodiment* literario del miedo[29], de señas corporales provocadas por esta emoción o sensación, con las que incrementaría el miedo del yo de ser disminuido. El miedo entonces podría ser aprehendido como premodulación de la muerte. El fenómeno de la tanatosis, un mimetismo animal inmóvil con fines de defensa que sin duda posee correlatos con algunas manifestaciones de máximo estrés también humanos, como la catalapesia, da fe de ello.

El tratamiento del miedo en la literatura alude a todos estos aspectos; remitiéndose además a los órganos de expresión por antonomasia corporales, pero metaforizados, como el corazón. Desde esta misma metaforología del miedo es posible deducir una retórica del miedo que impregna los decires literarios, intradiegéticos; meta-literarios y autoriales, sin hablar de la recepción y cómo es respondido el miedo expuesto o codificado en un texto. Las literaturas están llenas de figuras, sujetos u objetos en peligro que temen la pérdida de sus estatus, se ven enfrentados con la finitud, la escritura siendo un ejercicio con y contra la desaparición, las rupturas y las retiradas del yo[30], como demuestra por excelencia la literatura fantástica a través de los escenarios ambiguos más atemorizantes.[31]

Ante este vasto trasfondo, sondearemos en como Unamuno, cual cardinal tanatólogo, expone distintas medidas del miedo y de la muerte, poniéndolas en diálogo con las de/construcciones del yo que entablan sus textos. Las observacionas de París mencionadas más arriba sustentan nuestra inquietud si la tanatología y fobología (poético-filosóficas) unamunianas pueden ser leídas en referencia al sistema de pensamiento de Freud[32] o al de Julia

---

29 Böhme 2003: 30.
30 Véase Fernández Sola 2012: 234.
31 Véase Todorov 1970.
32 Véase González García 1994. González García emprende la labor de detectar el freudismo en los ensayos de Unamuno. A la vez, pone énfasis en que, más allá del hallazgo de un Primer Tomo de las *Obras Completas* de Freud en la biblioteca de Unamuno, habría "conceptos y procedimientos analíticos claramente coincidentes" entre ambos autores, ante todo en la aprehensión tópica, aunque no

Kristeva, autore/as que concuerdan en que la fuente de todos los miedos sería la muerte, y que sin *pavor mortis* no habría vida.

¿Hay literatura sin muerte? Al final de este ensayo, tras haber expuesto las posturas ideológicas y conceptuales que Unamuno adoptó frente a la muerte en distintos con-/textos, y remitiendo a reflexiones más recientes expresadas en el campo de investigación de la obra unamuniana que rozan aspectos colindantes con los estudiados por París, nos preguntamos si las consideraciones que los textos de nuestro autor realizan en sus meta-niveles acerca del acto de la creación literaria, invitan a aprehender a las obras literarias y a sus criaturas como elementos autónomos, desprendidos del miedo pero a la vez causantes de él. En este sentido, mostraremos como un poema puede experimentar su fin textual y figurar como una premodulación de la muerte.

3. La muerte a medias: figuras de la supervivencia y del deber vivir y morir en la crítica cultural de Unamuno

Si se estudia la muerte en Unamuno, no ha de ignorarse que este en su poligráfica obra se ha dedicado a crear otras figuras de pensamiento binarias más de las ya mencionadas. Así como lo manifiesta el seguimiento que el autor hace de la anatomía bipartida de "las dos Españas"[33], Unamuno persigue y propone unos principios dicotómicos pero no inequívocos, una dialéctica entre lo "abierto" y lo "interior"[34] que desembocaría en su muy propia poética filosófica[35]. Mas también encontramos en Unamuno un pensador de lo mutante, heraclitiano[36]; vitalista, antiracionalista y simultáneamente cientificista[37]. Por ejemplo donde crea "metáforas

---

se encuentran citas directas de Freud en los textos unamunianos. En *La Locura del Doctor Montarco* (1904) por ejemplo se habla de "intraconciente"; concepto que resaltaría la suposición de la estratigrafía en Unamuno. De todas formas, así González García, se ofrece la hermenéutica de una "filosofía de la sospecha" (según la denominación de Paul Ricœur, "maîtres de soupçon" aplicada a Marx, Freud y Nietzsche) para enlazar a los dos autores (González García 1994: 70s).

33 Laitenberger 2000.
34 Escamilla Valera 2000: 143; 146.
35 García de la Concha 2000: 169.
36 Pascual 2000.
37 Schammah Gesser 2014: 225, observa que el debate antropológico europeo (francés, alemán, y español) de mitades y finales del siglo XIX terminó

biológicas" como el (vital) modelo de la osmótica relación entre historia e intrahistoria.[38]

En este contexto encuentra a su vez entrada el pensamiento tanatológico, exhibiendo sus también fuertes connotaciones político-culturales: en *Sobre la europeización*, Unamuno comparte, con el "método de la pasión" y de la "arbitrariedad"[39] su opinión acerca del mandato de modernización y europeización al que se ve enfrentada la España de principios del siglo XX. Ante el trasfondo de que en 1898 Lord Salisbury se había extendido sobre "living nations" y "dying nations" y provocado con ello un importante debate[40], el filósofo participa en la construcción de este imaginario de que pudiese haber naciones *in articulo mortis*, y respectivos intentos de supervivencia.

Unamuno mide la modernidad de España en el contexto europeo, refiriéndose a los factores más palpables, contrastando la ruralidad y la industrialidad, por ejemplo[41], o examinando la religiosidad del país, por supuesto. Pero también examina el *state of art* de las ciencias, siendo estas no estrictamente un objeto de su deseo. Cabe subrayar que es la postura que estas tienen frente a la muerte la que sirve de (polémico) indicador para medir el estado de modernidad que (no) le interesa al hablar de España. Así, mientras que su contrahente visceral, José Ortega y Gasset, propone pensar a Europa en una intrínseca relacionalidad y ofrece imágenes proactivas de la crisis hasta resaltar la figura del naufragio como metáfora de una eficaz supervivencia[42], la idea de supervivencia unamuniana es otra.

---

inscribiéndose en los discursos del regeneracionismo en Pío Baroja y Unamuno, que "extrapolarán de la etnología y de la jerga antropológica metáforas biológicas y cientificistas para abordar problemáticas sociales y culturales." La autora se remite a Santos Juliá 1998.

38 Véase Carvajal Cordón 1998: 600.

39 Unamuno 1906: 66.

40 Para el debate de prensa sobre este discurso, véase en el archivo de *The Spectator*: http://archive.spectator.co.uk/article/7th-may-1898/7/lord-salisburys-speech-t-he-newspapers-are-we-thin. (15.9.2018)

41 Aclara Maíz: " [...] en Unamuno no hay antiindustrialismo [...]. Unamuno es industrialista en la medida que la industria puede ayudar a someter el mundo rural, atrasado, 'carlista' como lo llama." (Maíz 2005: 365)

42 Véase Kraume 2010: 153; 163s. En la polémica causada por Salisbury se había hecho uso de la metáfora del barco en apuros. Veáse la fuente de archivo mencionada en nota 40.

Hablando en términos epistémicos generales de la época en cuestión, la imagen de la supervivencia se ve ligada al cientificismo, especialmente al darwinismo[43] que en España es implementado bajo el sello del "krausopositivismo"[44]. Tal como ha demostrado de manera ejemplar París, igualmente en Unamuno encontramos un significante interés por la teoría de la evolución[45], manifestándose la inclinación por la teoría acerca del origen de las especies de forma lúdica[46] por ejemplo a manera de "zoología papirácea", esto son: animales de papel que Unamuno fabrica tras el cambio de siglo.[47] Más tarde, cuando Unamuno en febrero de 1909 dicta una conferencia sobre el naturalista inglés en la Universidad de Valencia, este interés ya se traduce en admiración. Darwin cobra ahora el aura de un salvador, siendo presentado como quien al trazar la descendencia del hombre del mono liberara a la humanidad del mero "supterfugio verbal" que habrían brindado las explicaciones hasta aquel momento (mientras que las polémicas en contra de Darwin representan según Unamuno el riesgo de regresarse al mono). Pero en primer lugar, Unamuno queda impresionado por la teoría de la evolución como principio guía de una ontología de alcance universal que cristalizaría el milagro de una continuada creación y transformación[48].

Volviendo a *Sobre la europeización*, cabe resaltar que este texto trae a colación distintas categorías de la supervivencia. Por un lado, este manifiesto publicado en *La España Moderna* presenta la idea de la supervivencia como persistencia propia o inmortalidad de la "conciencia individual"; se trata de un tipo de inmortalidad histórica, inducida por la fama y vinculada al principio de la creación intelectual. Por otro lado se encuentra el anhelo de supervivencia nacido frente a la trágica condición de la existencia humana singular, frente al escándalo bruto de la finitud[49]. Pero en este discurso íntimo (y hablando en términos psicoanalíticos: narcisista) se vislumbran ciertas conclusiones resultantes de la crisis anticientifista que Unamuno había experimentado a finales de los años 80 del siglo XIX, hasta que entre 1902 y

---

43 Véase Glick 2010; Suárez Cortina 2005: 288.
44 Ayala 1984: 287ss.
45 Véase París 1989: 141–158.
46 Véase París 1989: 143.
47 Véase Agacir 1932.
48 Ayala 1984: 320s.
49 Unamuno 1906: 78.

la temprana segunda década del siglo XX se dispone a discernir la ciencia "verdadera" de la "semiciencia"[50]. La conferencia sobre Darwin da fe de este ejercicio, y el ensayo de 1906 sobre la cuestión europea, traduce la experiencia de este trance a manera de síntesis. Porque *Sobre la europeización* dicta:

> "El objeto de la ciencia es la vida, y el objeto de la sabiduría es la muerte. La ciencia dice «hay que vivir», y busca los medios de prolongar, acrecentar, facilitar, ensanchar y hacer llevadera y grata la vida; la sabiduría dice «hay que morir», y busca los medios de prepararnos a bien hacerlo."[51]

Unamuno aprehende aquí a la ciencia como una ciencia de la vida. Poniendo su conocimiento en disposición de los procesos vitales, la ciencia favorecería a la vida. Es más: teniendo en cuenta el dictamen del 'hay que vivir', la ciencia le estaría obligada a la vida (así como la vida estaría obligada a ser, siendo a la vez obligación para quienes aún no estén muertos). Esta idea del *survival* con el cual las ciencias se comprometen, se prolonga, así arguye Unamuno, mediante la aplicación de medidas artificiales. En fin: en ojos y en manos de la ciencia, la vida poseería un supremacía en comparación con la muerte, y esta a su vez sería objeto de la "sabiduría", aquel tipo de inteligencia favorecido por Unamuno: un conocimiento ni libresco ni protético, ni amputado[52], sino experimentado.

Sagesse, *wisdom*, *Weisheit*: la sabiduría que Unamuno enfatiza recurriendo a sus equivalentes en francés, inglés y alemán, es secuestrada por la ciencia y quienes participan de este secuestro, se convierten "en unos fantasmas". A la par, y *prima facie* de manera contradictoria, los discursos de la vida proliferan: "La otra cosa de que se habla a cada paso hoy es la vida."[53] Enfilando su credo dialéctico, Unamuno regresa al tópico de la sabiduría, y apostrofa que "[l]a sabiduría es a la ciencia lo que la muerte a la vida, o, si se quiere, la sabiduría es a la muerte lo que la ciencia es a la vida."[54]

¿Qué es del deber morir? Unamuno pide ante el una postura razonable, humilde. Se remite a Spinoza ("Homer liber de nulla re minus quam de morte cogitat"), y arguye que el hombre libre (aunque en sus ojos un desconocido)

---

50 Unamuno 2016: 236s.
51 Unamuno 1906: 67.
52 París 1989: 77.
53 Unamuno 1906: 66.
54 Unamuno 1906: 67.

pensaría en todo menos en la muerte[55]. Y es aquí que aprovecha para ren-
dirle reverencia al pensamiento español: realzando la mística como la única
sabiduría que España podría brindar (en vez de hacer "ciencia española").
Prolífica frente al tópico de la muerte, esta vertiente epistémica, felizmente
le impediría a los españoles "vivir a la europea y a la moderna." Siendo esto
así, el "culto a la muerte" sería el rasgo distintivo del pensamiento español
– mientras que el pensamiento europeo estaría dedicado "demasiado poco",
o solamente "a medias" a la muerte.[56]

Más de medio siglo después de la publicación de estas expresiones de
Unamuno, Martín Panero con un ademán simpatético le da especial valor
a la voluntad de combate del filósofo. Este al calibrar las distintas categorías de supervivencia se habría librado una pugna interior ("íntima"),
habría estado "tenazmente empeñado en su lucha por la inmortalidad"[57].
Sin embargo, al destacar la incompatibilidad de los españoles "a eso que
se llama la cultura europea moderna" y explicar que de ella provendría un
pensamiento entregado a la muerte, Unamuno prepara la preocupación
por el (bien) morir como dispositivo de una cultura añeja enfrentada de
manera injusta con una cultura escrita "con K", como explica unos años
más tarde, en su controversia con Félix Méndez. Aquí se explaya sobre el
absurdo de tener que europeizarse bajo la hegemonía de una "rozagante"
Kultura, como una "vieja y caduca cultura con c minúscula" (la española),
que estaría forzada a feminizar su sol y virilizar, o más exacto a "torear"
su luna[58]. Ya en *Sobre la europeización*, Unamuno había puesto el grito en
el cielo: "¿Es que no se puede vivir y morir, sobre todo morir, morir bien,
fuera de esa dichosa cultura [europea]?"[59]. Morir aquí significa entonces
ante todo un sobrevivir anti-hegemónico.

---

55 Unamuno 1906: 67.
56 Unamuno 1906: 68.
57 Panero 1965: 27.
58 Unamuno 1913: 9.
59 Unamuno 1906: 68.

4. No al "pensamiento muerto": escribir la muerte con "¡terrible blancura!"

Un año antes de la formidable diatriba que representa "La Kultura y la Cultura", y siete después de la publicación de *Sobre la europeización*, en la obra más representativa de Unamuno, *El sentimiento trágico de la vida* (1912), el tópico de la muerte se vuelve cardinal. Siendo el leitmotiv de este tratado de escatología existencial el miedo a la propia desaparición, la pregunta que persigue es cuáles podrían ser los estratagemas contra la aniquilación del yo en la cual desemboca la vida. Tomando distancia, entre otros modelos, del racionalismo de Descartes, y argumentando bajo la impronta de Kierkegaard y Loyola, Unamuno en *El sentimiento trágico de la vida* entonces se explaya sobre las condiciones de la existencia humana y plasma su "hombre de carne y hueso"[60]: una especie de terrícola y lector, ser naciente y sufriente, mas ante todo mortal, que en el capítulo 10 será rebajado inclusive a una "federación de células"[61]. Envuelto en una vida contradictoria, este animal sentimental sufriría de "hambre de la inmortalidad"[62], inclusive de un "inmortal anhelo de inmortalidad"[63], que sería la "base afectiva de todo conocer"[64]. Villar Ezcurra anota que Unamuno abunda en formulaciones corporalizantes para hablar de este deseo[65]; el autor, empero, ahonda además y otra vez en dispositivos biológicos. Por ejemplo, cuando se trata de estimar si habría un remedio contra este ansia. ¿El amor? No. Pues este cumple meramente con la función de perpetuar el "linaje humano sobre la tierra", respondiendo "con furia" a la dinámica de la multiplicación de las especies: fiel a la ley de los "más humildes animalitos", y dividiéndose en el "espasmo genésico" de estos mismos[66]. Principio del des/engaño, instrumento de la vanidad, sometido al deseo de enternizarse y un simultáneo afán de singularizarse en el otro, el amor resulta ser

---

60 Unamuno 1984: 5–15.
61 Unamuno 1984: 156.
62 Unamuno 1984: 27–38.
63 Unamuno 1984: 21.
64 Villar Ezcurra 2007: 242.
65 Véase Villar Ezcurra 2007: 242.
66 Unamuno 1984: 85s.

un "egoísmo mutuo"[67] frente al espectáculo meramente transicional de la vida, mostrándose como antídoto y a la vez hermana de la muerte.[68] París, allende de estimar el hambre de inmortalidad en Unamuno según criterios psicoanalíticos y valorar el amor como causante de las situaciones devoradoras, ya mencionadas, entre el yo y el otro, anota que Unamuno estaría dedicado a una "ilustración biológica"[69] de tinte evolucionista. Concordamos con este autor, leyendo en Unamuno un dramatismo biológico, un discurso ontológico enfocado en el ansia de inmortalidad que, según París, "traduce el instinto de reproducción"[70]. Este disfórico modelo del contacto interpersonal analizado por París, es empero interferido por la opción estética. Ante la amenaza que representan lo vano, el sueño de la vida y la evaporación del yo[71] – y las respectivas versiones, acepciones y medidas del miedo que resultan de ella –, la representación estética en Unamuno es una (única) opción. Compartiendo este tenor, París señala que la mencionada "ilustración biológica" sería de "plasmación literaria"[72].

Para un escrutinio de la vertiente literaria de la obra de Unamuno justamente, y ante todo de la poética, ha de tomarse en cuenta que el filósofo habría participado de las corrientes literarias españolas del cambio de siglo surgidas a partir de 1868 (tras el Grito de Yara) por un lado. Por otro, sus escritos se sitúan en el contexto de todo un "conjunto de cambios experimentados por la sociedad europea"[73]. Relativizando entonces la visión que suele disociar la escritura de la Generación del 98 de aquella producida en las 'metrópolis' finiseculares Viena, París o Berlín, se hace evidente que, al igual que el imperialismo español compartiría con el anglosajón el ademán

---

67 Unamuno 1984: 86.
68 *Del sentimiento trágico de la vida* incluye además reflexiones sobre el catolicismo y otras fenomenológicas, y se explaya, también, sobre el vano intento de la ciencia de cobrar vida. Otros tópicos son los avatares de lo divino, la triada fe-esperanza-caridad y el principio apocastático. El capítulo 11 ahonda en la "inquisición" cultural. La conclusión del texto, un especie de quijotada, baraja una vez más el principio de la devoración, la quema del corazón del otro, y en que la meta de la vida debería de consistir en no merecerse la muerte.
69 París 1989: 371.
70 París 1989: 371.
71 Villar Escurra 2007: 243.
72 Villar Escurra 2007: 371.
73 Suárez Cortina 2005: 288.

de la supervivencia geoestratégica[74], las manifestaciones literarias españolas sí poseen "correspondencias y afinidades" con las escrituras europeas canonizadas de la *décadence*[75]. Es decir que sí se habrían adherido a las corrientes subjetivistas, contra-positivistas, pos-románticas, esteticistas, las devotas de la alquimia lingüística; habrían hecho parte de los experimentos conceptuales y mentales. Por consecuencia, las estéticas literarias españolas también habrían sido de cierta manera pre-expresionistas[76], confluyendo simultáneamente con el Modernismo panhispánico. Por lo demás, habrían cargado con las proyecciones locales del catolicismo y casticismo, con el analfabetismo, el retraso general español en lo relativo a las demandas de la modernidad; y, a la par, con las ideas del regeneracionismo[77].

Para resumir: las corrientes literarias españolas de fin de siglo y principios del siglo XX participan de los discursos específicos de la finsecularidad española; se ocupan de las posibles soluciones del "problema de España" debatidas en la ensayística y la prensa, pero igualmente acuden a todo un campo de retos estéticos promovido por el anti-realismo que se desembaraza del protagonismo de la trama para darle paso a un registro (meta-) discursivo, experimentando sintomáticamente con los géneros híbridos. Al igual que Baroja o Valle-Inclán, Unamuno acude a estos nuevos formatos[78], haciéndose especialmente cómplice de las visiones 'yoícas', los cultos exotéricos como también esotéricos del yo. Como mostramos, su concepción de la muerte tiene estas implicaciones, así como también interpela la imagen de la 'nación moribunda'.

Es sobremanera conocido que la narrativa de Unamuno abunda en tratados irónicos, grotescos y des-autorizantes, dirigiéndose inclusive contra

---

74 Véase Suárez Cortina 2005: 288.

75 Jarauta 2000: 227.

76 Suárez Cortina 2005: 287.

77 Suárez Cortina 2005: 288. El regeneracionismo fue un movimiento intelectual bastante heterogéneo que reunió perspectivas ideológicas tanto conservadoras como progresistas que meditaron sobre cuáles podrían ser las estrategias 'anti-corrupción' y cuáles los nuevos modelos socio-políticos, culturales y económicos para construir una España 'auténtica', dejando atrás la improductiva, pauperizada y retrógrada realidad nacional de entre los siglos. Unamuno en la "Conclusión" *Del sentimiento trágico de la vida* juzga la literatura de este movimiento como "hórrida", y denomina a su principal representante, Joaquín Costa, como "archi-español" (Unamuno 1984: 186s).

78 Suárez Cortina 2005: 289.

las instancias auctoriales intradiegéticas. En *Niebla* (1914) o en *Cómo se hace una novela* estas estrategias desembocan en un personaje suicida; en la segunda obra el terror ante la inminencia de la muerte – extra- o intradiegética – inclusive se entreve en la estructura (fóbica, disgresiva, interrumpida, en fin: nerviosa) de la novela misma, que inicia así:

> "Héteme aquí ante estas blancas páginas –blancas como el negro porvenir: ¡terrible blancura! –buscando retener el tiempo que pasa, fijar el huidero hoy, eternizarme o inmortalizarme en fin, bien que eternidad e inmortalidad no sean una sola y misma cosa. Héteme aquí ante estas páginas blancas, mi porvenir, tratando de derramar mi vida a fin de continuar viviendo, de darme la vida, de arrancarme a la muerte de cada instante."[79]

Henos aquí enfrentados con el mitema, cardinal en los (auto y meta-) discursos de la creación poética, meta-poetizado por Mallarmé y más tarde teorizado desde el estructuralismo por Roland Barthes, de la página en blanco. En cuanto modalidad y estado material-medial, una vez puesta en camino el acto escritural, y por más disgresivo o interrumpido que éste fuera, la página 'virgen' deviene el soporte de una huella. Al mismo tiempo, porta un tinte 'nihillógico'. Pues el blanco en la literatura, por antonomasia apto para ser sobre-escrito, posee asimismo una connotación con lo precipital. De tal modo, el íncipit de *Cómo se hace una novela* sostenido por una leve estructura anafórica alusiva a la oposición del negro y el blanco, diserta sobre la imposibilidad de escribir, al escribir. Conforme va progresando, medita sobre la idea del eternizarse mediante un texto que nazca vivo – como si se tratase de un hijo en quien la instancia gráfica se pudiera eternizar. La instancia narrativa declina el proceso escritural entonces como una expresión viva, cuasi biológica; a manera de una serie de opciones de nacimiento, puestos en un juego antonímico, o de pares dialécticos:

a. se nace y se muere vivo,

b. se nace y se muere muerto,

c. se nace vivo para morir muerto y

d. se nace muerto para morir vivo.[80]

---

79 Unamuno 1977: 59.
80 Unamuno 1977: 62.

Esta 'lista de embarque' tánato-óntica basada en una ontología del nacimiento, a primera vista posee un dejo tautológico. Mas a segunda vista
expresa la profundidad de las meditaciones unamunianas sobre la desujeta-
ción de la persona, su aniquilación – y el ansia de remediarlos. Abstraemos
de declinar nuestras propias observaciones relativas a esta poética existencialista[81] de la narrativa de Unamuno, para acercarnos a las variantes de
estas visiones y evocaciones en su poesía. Efectivamente, y por más que la
escritura unamuniana no se caracterice, en el sentido estricto, por la división genérica, la poesía sí brinda un espacio más condensado y evocativo
para con la semántica (abisal) de la muerte, y el respectivo miedo que nos
interesa.

5. Dislocaciones: la poesía de Unamuno y la poética del afecto abyecto

Aunque entre su primer poemario, *Poesías* (1907)[82] y *Romancero del destierro* (1928) el autor haya publicado siete libros de poesía, la producción
poética de Unamuno no es muy conocida[83]. Más allá de ser su difusión relati-
vamente escasa y su estudio selectivo[84], esto se deberá implícitamente al hecho
que la recepción por los contemporáneos fuera desdeñosa y que especialmente
Poesías experimentase una "hostil acogida"[85] – pese a haber circulado este
poemario ya antes de su publicación en forma de manuscrito entre quienes

---

81 Csejtei sitúa los rubros del entendimiento tanatológico de Unamuno en el con-
    texto de la filosofía europea existencialista, entendiendo su concepción como in-
    termedia respecto a la visión de Heidegger (su énfasis en el sentido de la muerte)
    y la de Sartre (su énfasis en el absurdo de la finitud). Unamuno se mantendría
    justamente entre estos dos polos, asumiendo el vaivén inter-polar, así como
    también favorecería la simultánea presencia de aspectos sensatos e insensatos
    (véase Cseitej 2004: 110).
82 *Poesías* es publicado por Fernando Fe y Victoriano Suárez, cuenta 356 páginas
    (sin índice) y abarca 102 piezas poéticas (no todas indicadas en el índice). El
    libro se divide en varias secciones y sus respectivas composiciones; además de
    varios paratextos, una introducción y 'notas' en prosa; así como también varias
    traducciones (García Blanco 1954: 9). Forma parte de el uno de los poemas que
    analizaremos más adelante.
83 Véase Ferrari 2014; Ferrari 2017: 107; Callsen 2017: 270.
84 Véase Rubio González 1988: 205.
85 Ferrari 2017: 106; 107; 110.

constituían la Institución Libre de Enseñanza (ILE), ser reconocido por nadie menos que Ruben Darío[86] y haber Juan Ramón Jiménez estimado el potencial innovador de la poesía unamuniana[87]. Iniciada su vía poética empero antes de 1907 inclusive[88], Unamuno se muestra firme y a pocos años lanzaría *Rosario de sonetos líricos* (1911), y casi una década más tarde su obra poética más célebre *El Cristo de Velázquez* (1920), a la que le sigue la más significativa: *Teresa: rimas de un poeta desconocido* (1924).

Teresa consta de una parte introductoria que evidencia las influencias que entre otras marcarían los versos de Unamuno: reminiscencias románticas, ante todo becquerianas[89]. Sin embargo, este 'paratexto' hila además una trama narrativa ficticia y meta-póetica, donde Unamuno mismo aparece como editor, presentador y comentador de los textos cuya autoría hace migrar a un joven de nombre Rafael (que se convertirá en su discípulo). Un ingenioso juego interactivo, prueba de que también la poética lírica unamuniana protagonizaría las relaciones entre autor, texto y lector. Efectivamente, la poesía de Unamuno posee a su manera un vínculo lúdico con los "procesos de interpretación literaria", las "repercusiones existenciales" y "los mecanismos de formación de la subjetividad"[90]. Pero inclusive y pese a este respaldo meta-poético, programático por ende, la poesía unamuniana sería objeto de la mirada recelosa ya mencionada, víctima de "una falta de acercamiento", y privada de "la lectura reposada" que en realidad reclama.[91]

---

86 Rubén Darío en 1909 publica una ensayo en *La Nación*, Buenos Aires, titulado "Unamuno, poeta" (García Blanco 1954: 257). Otra pregunta, que además remite a la formulación de Alazraki, de Unamuno "catador" de la literatura latinoamericana, es si este estimaba la poesía hispanoamericana. Por cierto, la encontraba deficiente en su valor "meditativo", en lo que el definía como la versión suprema de lo imaginativo (García de la Concha 2000: 180), y la tildó de demasiado decorosa y por ende superficial (Callsen 2017: 260s.).

87 Respecto a las escasas otras críticas contemporáneas positivas (véase Celma Valero 2002: 93s).

88 Véase García Blanco 1954: 6.

89 Es más que evidente que las *Rimas* del poeta sevillano publicadas en 1871 son homenajeadas en el subtítulo; además, el aparato paratextual contiene el ya mencionado ensayo de Rubén Darío.

90 Álvarez Castro 2015: 15.

91 Rubio González 1988: 205.

Por tanto, no es de subestimar la labor que inicia Manuel García Blanco en los años cincuenta, al dedicarse, uno, a las publicaciones poéticas de Unamuno aparecidas mientras este vivía; dos, a las traducciones que de esta se hicieron y, tres, a las traducciones de poesía realizadas por el mismo Unamuno. En primer lugar, empero, García Blanco reivindica los poemas inéditos en el sentido recto, y a otros 'deslizados' o 'dispersos' entre la obra del poeta-filósofo, evaluando sobre esta tarea además otras voces críticas.[92]

Justipreciada por este estudio piloto, la poesía unamuniana se ha entonces ido reconociendo en forma de antologizaciones[93] y selecciones pósthumas, como las del mismo García Blanco (1954; 1958; 1961). Su difusión más amplia se iniciaría no obstante en ocasión de las efemérides (en cuyo marco se reactualizarían además las bibliografías, por supuesto), hasta culminar en la publicación de la obra poética completa. La edición al cuidado de Ana Suárez Miramón (Suárez Miramón 1987–1988) trabaja en cotejo con las ediciones de García Blanco y supera el valioso trabajo de este en esmero. Aunque no hubiese consultado los manuscritos ni ejercitado una labor hermenéutica, esta editora abre caminos de interpretación de la obra poética de Unamuno, por ejemplo, al aprehenderla como un medio de expresión cuasi sinecdótico de la "problemática"[94] del autor.

De entre las estimaciones de la poesía unamuniana de los últimos tiempos, ha de ser destacado el trabajo de María Pilar Celma Valero[95], así como también otras más recientes, incluidas las hispanoamericanas. La argentina Marta Ferrari por ejemplo tanto con la publicación de una antología de poemas de Unamuno como con respectivos estudios (2014; 2017) ha ayudado a esclarecer el aporte de Unamuno para una lectura poética en el siglo XXI. Su método consiste en arrojar luz sobre la estética de la producción poética, teniendo en cuenta los co-textos programáticos de Unamuno; epístolas y prólogos. Va de la mano de este método el intento de disipar la duda acerca de si sería lícito en este caso hablar de poesía del pensamiento.

---

92 García Blanco 1954: 6.
93 Las antologizaciones 'menores' ya inician en los años treinta.
94 Rubio González 1988: 207.
95 Celma Valero 2002; véase además Blasco/Celma Valero/Ramón González 2003.

Precisamente este aspecto habría obrado en demérito de la poesía de Unamuno, como anota Rubio González a finales de los años ochenta[96]. Con-
cuerda con esto más de una década después García de la Concha anotando
que la misma habría sido tildada de "sequedad" y de ser exageradamente
racional.[97] En este mismo tenor, Rubio González remarca la fatiga de los lectores ante la demanda conceptual y a la vez sentimental de Unamuno poeta;
así, estos habrían ido en busca de "poemas más ligeros". El artificio poético
unamuniano además no habría sintonizado con el mandato de la eufonía,
por emitir una cierta aspereza y ser de cadencias más bien abruptas.[98] Berit
Callsen en su estudio sobre las escrituras del yo en la poesía de Unamuno
a su vez subraya el hecho de que el autor habría operado en "un campo
transgenérico" y que particularmente sus poemas habrían trascendido los
límites genéricos al estar estrechamente relacionados con los textos de corte
ensayístico y ficcional (Callsen 2017: 270); perspectiva, ésta, que se acopla
con la observación sobre la índole (demasiado) pensativa de los textos ya
remarcada por Rubio González así como también con las variaciones de
ésta expresadas posteriormente.

Ahora bien, ¿por qué estos rasgos distintivos no favorecieron más bien la
recepción de la poesía de Unamuno, como moderna? Por un lado lo impidió
la tardomodernización poética española. Huelga decir que la sustancial reno-
vación de la poesía española le suele ser atribuida a la Generación del 27. La
desventaja que tenía Unamuno como poeta era que estuviese escribiendo "en
el auge del simbolismo", adscribiéndose sin embargo a la liberación del verso.
Que estuviese polemizando, como Mallarmé, pero en España, contra el verso
de "sonsenete", no contribuyó a su reputación poética, como aclaran Ciplijauskaité[99] y Ferrari[100]. Tal opinión es contrarrestada por María Pilar Celma

---

96   Véase Rubio González 1988: 205.
97   García de la Concha 2000: 181.
98   Rubio González 1988: 205.
99   Véase Ciplijauskaité 1988: 36.
100 Afirma Ferrari, también para sustentar su hipótesis en favor de una (meta-)
     poesía del pensamiento unamuniano: "Decimos que la escritura poética una-
     muniana explora caminos alternativos a los dominantes bajo la estética mo-
     dernista, en tanto deudora del simbolismo francés. Y esto es así no sólo porque
     lo leemos una y otra vez en sus declaraciones programáticas sino porque lo
     advertimos en sus versos." (Ferrari 2017: 110)

Valero (2002), que más allá de pasar revista los intentos de revaloración de la poesía unamuniana por parte de los poetas españoles de los años 40 y 50, Pedro Salinas y Luis Cernuda entre ellos, y allende de revisar los intentos de examinación académica, resalta aquellos enfocados en una afiliación modernista de la poesía unamuniana. La autora lamenta que la mayoría de los (pocos) estudios le serían fiel a "los viejos tópicos": uno, a la ya mencionada (y paradójica) estimación de que en Unamuno no se tratase de un poeta, y dos, de que hubiese en su "marginal" producción (y "personalidad") lírica una tendencia anti-modernista y -simbolista. Celma Valero pretende acabar ante todo con *este* prejuicio, aunque asuma que Unamuno mismo se habría expresado en contra de estas estéticas, por ejemplo en la parte introductoria de *Poesías*. Habiendo esto empero sucedido en un momento crítico del Modernismo (y en su variante "excesiva" y "externa"), la poesía de Unamuno según la autora pide ser situada en el contexto "de la poesía modernista, en su dimensión simbolista".[101]

Ante este trasfondo de intentos de catalogización y recatalogización, que no pondremos a discusión, quisiéramos poner la mirada en el epíteto citado por la misma Celma Valero, el de Unamuno como "poeta de ideas"[102], pero haciendo hincapié en un concepto de 'idea' no tanto sistematizada por el discurso filosófico, sino más bien entendido desde un ángulo psicológico y antropológico. Así, compartimos la opinión de Álvarez Castro que diagnostica en Unamuno "[...] una tendencia a analizar el hecho literario desde una postura más psicológica o moral que técnica"[103]. Concebimos la 'idea' como una visión, inclusive espectral, y como representación mental, para enfocar especialmente el miedo bajo los rubros expuestos más arriba: el miedo como expresión de las dinámicas irruptivas que acechan el yo; el miedo como manifestación de una vida infectada de muerte; el miedo como *memento mori*, y como señal de advertencia contra las pulsiones narcisistas.

El poema según nuestro entendimiento es un sistema representacional de mundo en el que priman componentes de la actitud lírica que, si abundan

---

101   Celma Valero 2002: 94s. Gerardo Diego en 1948 se pregunta donde situar a Unmuno en comparación con Rubén Darío. Se pregunta Diego: "¿Y dónde colocaremos a un Miguel de Unamuno, a un Antonio Machado? ¿Poesía o prosa, modernismo o 98, aislacionismo o intervención?" (Diego 1948: 444).

102   Celma Valero 2002: 94.

103   Álvarez Castro 2005: 77.

en artificiosidad, podrían ser tildados de 'robóticos' en los términos corta-zarianos y de Carlos París. Sin embargo, la poesía unamuniana parecería ofrecerse para una lectura de concepción más relacional y comunicacional. También en referencia a la concepción vivencial de la teoría en Unamuno y especialmente su teorizar sobre la muerte, el respectivo "poetizar sobre y con ideas" del autor permite hablar de un dispositivo poético del miedo. Somos de la opinión de que el miedo a la muerte, tan protagónica en la obra de Unamuno, en su poesía es intensificada mediante "un procedimiento" que hace uso de "elipsis y condensación"[104]. Pensamos que en el podemos observar cómo un sistema de pensamiento, dedicado al *factum* y fenómeno así como también al tópico dislocador de la muerte, migra al lenguaje de la poesía que es a su vez dislocador.

En esta línea le seguimos, no tanto de forma mecánica, sino más bien deliberada, a Martin von Koppenfels y su especial aporte a la poética del afecto (*Affektpoetik*)[105]. Von Koppenfels elabora una poética, o más bien una política del afecto (*Affektpolitik*) deducida del discurso narrativo de la novela (francesa), entendiendo que el afecto en la diégesis de esta novelística por razones de la temporalidad específica del género estaría distanciada de su fuente[106]. Von Koppenfels se remonta al psicoanálisis y especialmente a la teoría del trauma, argumentando que por el distanciamento narrativo del afecto en la novela, sometido al principio (narrativizado) de la repetición (neurótica, postraumática), este tendría tanto más efecto. De tal modo, el afecto en la novela moderna, representada espléndidamente por Flaubert, se comunicaría de manera no mimetizada sino indirecta, ocasionando así una literatura de la indolencia, fría, de cierta manera "inmune". Así las cosas, el personaje literario (por ejemplo en *L'éducation sentimentale*) y el lector entrarían en un proceso de inmunización. Comunicado con los discursos inmunológicos de la época, tal proceso evitaría la producción del momento catártico provocando más bien 'reservas' de afecto – fundamentales para la modernización de la novela europea.

Este rastreo de la literarización del afecto y su economía epistémica, sustentada por la hermenéutica del afecto que proporciona el psicoanálisis,

---

104 García de la Concha 2000: 181.
105 Véase además nuevamente nota 28.
106 Véase von Koppenfels 2007.

se encuentra en otro estudio más de von Koppenfels, dedicado a la poesía
de Federico García Lorca. A duras penas comparable con la escritura de
Unamuno, pero sí familiar con este en su insistencia en el tópico de la
muerte, la poesía de Lorca analizada por von Koppenfels se vislumbra como
un arte de exponer constelaciones y grados de miedo, de estupefacción y
afasia. También se presentan en ella 'incorporaciones' de este tipo de afecto,
relativas a la pérdida de órdenes rituales en la modernidad.[107]

En lo que sigue, no solamente nos guiamos por las reflexiones que expusimos provenientes de los estudios unamunianos, sino que tomamos estas
anotaciones de von Koppenfels como una de las inspiraciones para la argumentación sobre dos formas de dislocación: por un lado el miedo ante la
muerte en la poesía como escritura condensada y dislocada de Unamuno,
y por otro la poética del miedo; entendiendo al miedo como un tipo de
afecto dislocado, y condensado en lo abyecto. De tal modo, tanto la poesía
como el miedo nos sirven como "prisma", siguiendo la formulación de Julio
García Morejón[108] cuando este aclaró cuál sería el lente más propicio para
examinar la producción literaria de Unamuno. A esto se suma la noche
como un espacio fenoménico especial, altamente semantizado en lo relativo
a la muerte, y al miedo.

6. "La noche es negra", y el sol también: nictografías del miedo a la muerte en "Vendrá de noche" (1928) y "Es de noche" (1907)

Al igual que su obra en general, la poesía de Unamuno a la lectora o al
lector 'descuidado para con la existencia' ("existenzvergessener Leser"[109]),
no únicamente le haría recordar la finitud, sino que le brindaría un espacio
en el cual imaginar la vida simbólicamente. En este sentido, podríamos
formular, se le inscribe la pulsión de emitir señales vitales, por ejemplo las
del miedo. Como subrayara Pulido Rosa, Unamuno dentro de su poética
"innovadora"[110] modula la semántica del miedo a través de una "apretada

---

107   Véase von Koppenfels 1998: 57; 163.
108   Morejón citado por Álvarez Castro 2005: 77.
109   Goebel/von Koppenfels 2002: XIV.
110   Pulido Rosa en la nota 1 (Pulido Rosa 2000: 27) de su ensayo da un resumen
       de los estudios enfocados en la labor explícitamente innovadora de la poesía

red de contrarios", que retoman ciertos esquemas preacordados por la narrativa del autor y los recursos de la poesía barroca[111]. Entre estas últimas se encuentra la pareja binaria "sueño/vigilia" y su respectiva "metafórica de fondo": el díptico de apariencia y verdad. Es en lo relativo a este cuadro que Unamuno plasmaría la serie de parejas "vida/despertar de la vida", "sueño de la muerte/despertar de la muerte", "soñar la vida/despertar a la sobrevida", etc.[112]; pares que impregnan el decir de los poemas "Vendrá de noche" y "Es de noche", y que determinan los dispositivos del miedo a la muerte que suponemos se avistan en estos dos textos.

Primera nictografía: Vendrá de noche

"Vendrá de noche" forma parte de *Romancero del destierro* (Unamuno 1928) y está compuesto por diez estrofas de seis versos consonantes, rigurosamente métricos, en buena parte endecasílabos. El mero título, valga la obviedad, indica el cronotopos, la noche, tan asociada al sueño, que como tópico es traido a colación por Unamuno en 1898 en su reflexiones sobre la "regeneración de España" ("La vida es sueño") y que décadas más tarde, entre muchos otros, aparece en un texto de título "La Cama" publicado en Buenos Aires por *Caras y Caretas* (Unamuno 1922[113]). Este elogio a la cama no solamente anota que existen camas duras y blandas, sino además se explaya sobre la experiencia de soñarse muerto. En ambos textos mencionados se asoma la particularidad de la lengua española de denominar con un mismo sustantivo, "sueño", el acto de dormir y el fenómeno onírico, más la ambivalencia de la palabra entre el adormecimiento (de la razón) y la ensoñación.

Reza "La cama": "La noche es negra pero el sueño no es negro"; sentencia que se ofrece para abrir algunas reflexiones sobre la fenomenología de la

---

Unamuno ya diagnosticada por Juan Ramón Jiménez, como mencionamos más arriba.

111 Véase Pulido Rosa 2005: 27–30. Son recurrentes en Unamuno los siguientes recursos retóricos del barroco: los encabalgamientos diversos, la antitetización abrupta, etc., por ejemplo en *Rosario de sonetos líricos*, según Pulido Rosa (Pulido Rosa 2005: 28).

112 Pulido Rosa 2005: 30.

113 El texto está disponible en línea en su formidable formato original. (Véase bibliografía)

noche y de lo nocturno[114]. Dictada por el nictémero[115], principio que mide o da fe de la (efímera) duración de un día y una noche y las dinámicas de cambio perceptivos, térmicos, etc. que este principio conlleva, la fenomenología de la noche tiene sus correlatos en los discursos filosóficos, por ejemplo en Hegel y en la lectura de este realizada por Agamben en el marco de la filosofía de la negatividad[116]. Especialmente citable es el poema hegeliano "Die Nacht der Welt", donde la noche es descifrada como espacio espiritual, negativo, vacío, pero potencialmente abundante. Presencia distante y oscura, la noche sería un abismo indiscriminado pero demandante frente a la conciencia, por ser absoluta. Simultáneamente reclama ser transitada hacia un lugar fijo, de orientación: una estrella[117].

Ahora, "Vendrá de noche" elige el cronotopos fenoménico de la noche (y por tanto lo llamaremos nictográfico[118]), para hablar de la muerte, pero sin nombrarla. Este poema hace patente que el período de la noche, carente de luz natural, invita a especular sobre la oscuridad, y a meditar sobre el advenimiento de la muerte: "Vendrá de noche" hace uso de una estrategia meta-temporal, de la anticipación, mediante una dinámica enunciativa propia, enfatizando que no se sabe cuándo vendrá la muerte y (des)envolviendo esta incógnita en el 'sobre' mismo de la noche. Así, esta no solamente se presenta como antesala del día (a día), sino además como posible antesala

---

114 Véase Cabrera 2009.

115 Véase Gil Martínez 2012: 285.

116 Véase Agamben 2008.

117 Véase Cohen 2010: 325s. Son muchos los estudios dedicados a la relación de Unamuno con Hegel (con quien declaraba haber aprendido alemán); no profundizamos en ellos, pero nos remitimos a Ribas-Ribas 1994.

118 La nictografía aparece en Lewis Carroll, como opción para una escritura taquigráfica relizable de noche: una tarjeta que permite trazar símbolos de un alfabeto nictográfico. El poeta argentino Arturo Carrera en 1972 publica *Escrito con un nictógrafo*, obra que hace poco fue reeditada en facsimile (Carrera 2013) y que como texto metapoético y a la vez material concretiza las oposiciones día-noche, claro-oscuro. *Escrito con un nictógrafo* es además un homenaje a la desaparición del autor (reza: "el escriba ha desaparecido"). La nictografía es entonces una propuesta pre- y neo-vanguardista que aplicada a la poesía de Unamuno demostraría una vez más lo propicio de esta para una teoría post-moderna de la escritura poética.

de (la llegada única, singular de) la muerte en la vida del sujeto. En la noche se construye la muerte como un acontecimiento por venir imprevisible.

Advenimiento fobogénico: los sentidos agudizados

Visto tras el lente fóbico, intensificado por el escenario fenoménico nocturno, la muerte se vuelve *"advenimiento"*[119], inclusive atroz inminencia. En consecuencia de esta preocupante condición, "Vendrá de noche" especula acerca de las opciones de la llegada, evoca un 'venir' en un cuadro atmosférico y semántico insistente, denso pero declinado; la inversión semántica de la situación temporal, nocturna, siendo inequívoca. Dicen las primeras dos estrofas:

> Vendrá de noche cuando todo duerma,
> vendrá de noche cuando el alma enferma
>   se emboce en vida,
> vendrá de noche con su paso quedo,
> vendrá de noche y posará su dedo
>   sobre la herida.
>
> Vendrá de noche y su fugaz vislumbre
> volverá lumbre la fatal quejumbre;
>   vendrá de noche
> con su rosario, soltará las perlas
> negro sol que da ceguera verlas,
>   ¡todo un derroche![120]

El anuncio "Vendrá de..." funciona entonces como régimen del texto y se articula como una fórmula anafórica mantenida en casi la totalidad de las estrofas; así no solamente produce un tono monocorde, sino además "maniaco"[121]. Pero lo particular de esto, insistimos, es que el objeto de este obsesivo anuncio es implícito, anónimo: no se explicita quién vendrá. Ocurre así una suspensión de duda y temor, pleonástica, que conlleva un oscurecimiento comunicacional aunque por la fijación semántica de la noche se sobre-entienda que la instancia tan temerosamente esperada y a la vez 'envuelta' por el texto, se revelará como muerte. Por tanto, la estructura del texto es fiel a una

---

119 Csejtei 2004: 53, cursiva del autor.
120 Unamuno 2007: 61s.; v. 1–12.
121 Csejtei 2004: 53. Csejtei habla de "un modo maniaco-monótono".

retórica del miedo, porque "Vendrá de noche" habla de manera dislocadora, o quizás podríamos también decir: enloquecedora, y loca al fin.

Una de las innovaciones poéticas que diagnostica Pulido Rosa en Unamuno consiste en la alteración de ritmos interiores y exteriores. Con este esquema, ya hallado en los cantos bíblicos, Unamuno se habría distanciado de la rima como institución, apostando a la vez al movimiento binario como "eje estructural". El resultado: un "fluir permanente"[122]. Este "fluir", en términos más generales de la poesía unamuniana, allende de lo métrico es un aporte en lo conceptual, inclusive pre-conceptual. Pulido Rosa entreve en el desencadenamiento recreativo de la poiésis un aporte cuasi "genético", elemento de una "genealogía integral" que desembocaría en la "humanización" del acto poético cual "prolongación tentacular del hombre"[123]. La palabra poética resultaría ontológica, y óntica.

Forma parte de este acto genético de la poesía la corporalización que corren los referentes abstractos que entran en ella hacia el campo fisiológico (y al corazón, como metonimia). En esta línea, las sensaciones afectivas devienen cuasi "seres vivos", como también el sueño es corporalizado, ofreciendo senos y regazos[124]. De esta manera los fenómenos se humanizan; paralelemente la palabra poética se corporaliza.

¿Qué impacto tienen aquí los fenómenos fobogénicos? La pregunta es si la palabra poética puede ser devorada por lo "otro", *the thing*, como par del yo que se expresa, o no, en el decir del poema.

"Vendrá de noche" no contiene el aliento, para hablar en palabras de Cortázar, sino que suelta una retahíla; se pone en fuga retórica, cuasi espasmódica, para hablar en términos postestructuralistas de Roland Barthes o Hélène Cixous. Llama la atención que esta fuga implique la búsqueda de un refugio que se articula periódicamente, estrofa por estrofa. El texto parecería rastrear remedios contra el impacto que causa la quimera venidera, innombrada, de la muerte; y los encuentra en las metáforas que el texto encadena de manera regular. En cada estrofa, primero tres versos detallan las circunstancias temporales (futuras) y enumeran algunos,

---

122 Pulido Rosa 1988: 35s. Además, Ciplijauskaité se remite a estudios de Yehuda-ha-Levi y James Kruger.
123 Pulido Rosa 2000: 28.
124 Pulido Rosa 2000: 29.

aunque escasos factores exteriores de la situación (todo estará dormido; será "postrer invierno", será una "noche clara", se escuchará un "ladrido", etc.), destacándose los que se refieren a los rasgos distintivos de la noche, incluida una serie de personificaciones que manifiestan hasta "atributos visuales"[125]. Se abre así un campo sensitivo percepcional (visual y sonoro), finalmente fenoménico que conlleva, como si fuera inducido por miedo, a la agudización de los sentidos.

Soles negros en la noche clara: la laguna nocturna del conocimiento

Pero este campo percepcional no es unívoco. Porque la personificación de lo innombrado – de *la* innombrada – nacida de la percepción afilada, es dialéctica, compuesta por una serie de elementos estabilizadores y otros desestabilizadores. Primero, la que vendrá "posará el dedo sobre la herida" (v. 5–6), "soltará las perlas/del negro sol" (v. 10). Esto se lleva a cabo en un trasfondo compuesto por: un "perdido agujero" ladrado (v. 15) y un subsiguiente y transmutacional "mortal ladrido" (v. 17). Del ladrar más abstracto, por mnémico ("cuando a lo lejos el recuerdo ladre/perdido agujero", v. 14–15), el texto llega al ladrido mortal, perpetuado más tarde en "fatal ladrido" (v. 26). También, el agujero perdido ha devenido "largo agujero" (v. 18).

La graduación semántica de los elementos nefastos será coronada por la metáfora mayor del "negro sol" (v. 11). De por sí un oxímoron, esta imagen y *Denkfigur*, cardinal en la alquimia, se opone a aquel de la luna de noche clara (v. 31s.). Igualmente, el sol es corporalizado, donde de él "la sangre se depura/" (y se da un salto cuasi extradiegético al mediodía; v. 40s.). Este sol oximórico se hace eco con un "negro sello", repetido en una construcción pleonástica ("De noche ha de sellar su negro sello"; v. 46), que funcionará como "broche" (v. 55) que "cierre el alma" (v. 56).

Julia Kristeva en una des su obras más leidas, *Soleil noir* (Kristeva 1987), se ha dedicado al estudio del sol negro como a un paradigma de la melancolía postmoderna (cuya clave Kristeva encuentra en la catástrofe de Hiroshima, ejemplo de un progreso fracasado), pero que ciertamente se remonta al sujeto inestablizado de cambio del siglo y principios del siglo XX. La semántica del negro en la obra de Unamuno es evidente; en "Vendrá

---

125 Csejtei 2004: 54.

de noche" la noche no cristaliza solamente y de manera convencional en
la luna, sino además en sol antonímico. Un sol que hace regresar a Hegel,
a la concepción de sol como fuente lumínica y a la vez "sol interior" de la
conciencia. Hegel haciendo uso de este imaginario habría reescrito el mito
de la caverna y lo habría plasmado en su teoría de lo claro y lo oscuro,
que preve que el sol representa la materia misma que solo se distingue del
yo en su mayor manifestación espiritual, por no refractarse en sí mismo[126];
además, el sol sería un materia-médium en el cual se manifestarían las cosas.

El sol en "Vendrá de noche" es un sol enceguecedor ("las perlas/del negro
sol que da ceguera verlas"; v. 10) en el sentido expuesto por Nonnenmacher
en su estudio sobre la estética de la ceguera; y el largo agujero se lee como
una laguna del conocimiento, en relación a la muerte.

Metáfora madre: la noche impenetrable y múltiple

La situación de desamparo espiritual y existencial que conforma "Vendrá
de noche" va creciendo, se oscurece; pero siempre estará atrapado en una
dinámica dialéctica. Pues, a lo opaco se interpone periódicamente lo claro
("aurora", v. 28; nuevamente: sol; mediodía; un cielo que es espejado en
el "luciente lodo", v. 52). En medio de este cuadro in/tenso, se destaca una
figura de salvaguardia: una personificación feminina, materna – o figura
madre y a la vez metáfora madre –, que al principio de la tercera estrofa es
invocada como "noche nuestra madre" (v. 13). Entendiendo la función de
esta instancia como un figura de implícita cautela, podríamos conjeturar
que el texto, en su rítmico y eufónico ir y venir de imágenes binarias, estu-
viera programado para que su decir 'expuesto' y temeroso fuese templado.
Como si de un recurso consolador se tratase.

Pero esto no es todo; o más bien argumentemos de manera más explícita:
esta figura o marca de orientación es el cronotopos mismo; que como tal es
acogedor, siendo tildado de "noche maternal" (v. 20). A la vez es una figura
inestable: la noche es traedora de vida y actúa de manera curativa[127] (v. 47 y
49), y es una fuerza que cobra corazones. Hablamos, para decir así, de una
noche nodriza engañosa, que nos remite a la dialéctica también expuesta en

---

126 Véase Nonnenmacher 2012: 154.
127 También en esta imagen de la noche que trae la cura se atisba un ademán
      antonímico: la muerte curaría la enfermedad que es la vida.

"La cama", donde se comenta que en la cama, por un lado tan apta para soñarse muerto, habría lugar para un estado pre-natal, un "desnacer". Esta máxima e inversa entrega que pinta "La cama", "clarifica" la sangre y permite decir: "¡me pienso, luego me soy" (o: "¡se sueña, luego se vive!"[128]). Volviendo a "Vendrá de noche", la noche es asimismo un espacio-médium invisibilizador, en el que todos los gatos son pardos, o como dijera Cseitej haciendo alusión a la inclinación heideggeriana del texto: "[...] en la oscuridad de la noche no sólo no veo *algo*, sino que ni *siquiera me veo a mí*"[129].

Pero, ¿quién es yo en este poema de Unamuno? Se vislumbra una instancia, compenetrada en la inmovilidad de la noche evocada, eso sí. Es inherente a la fuga vocal que se va construyendo en el poema. Sin embargo no es identificada. Suceden entonces dos cosas sustanciales: la muerte no es nombrada, y no lo será. Porque está por hacerse, y en este hacerse además se estará continuamente des- y rehaciendo, manifestándose como una especie de *fluidum*. No sin razón Csejtei, remarcando la con-fluencia de noche a muerte en el poema, formula: "Es decir, estoy existencialmente '*dentro*' del acontecimiento de la muerte".[130] Es aquí que identificamos una escritura poética por antonomasia nictográfica. Y advertimos que parecería no haber, en "Vendrá de noche", una sola noche, sino muchas; y muchas muertes.

"Solipsismo trágico": La ausencia del yo

"Vendrá de noche" no nombra a la muerte, no la identifica, porque la evoca como figura ambigua, incomensurable, continuamente dislocada. Pero tampoco identifica a la instancia vocal; lo cual no es de asombrar porque esta en la lírica es menos una instancia o un lugar diegético que un lugar enunciador.

Vimos que en la "dualidad de la concepción"[131] de la escritura unamuniana en general, con sus variaciones del prendimiento y desprendimiento del yo, la peraltación de este mismo bajo el sello de la inmortalidad, aparece como una fórmula el enfrentamiento con la muerte, y que una faceta de este se traduce en la disociación del yo – como un estratagema divisorio de soportar o superar la imposibilidad de la perpetuación personal. En este

---

128 Unamuno 1922.
129 Cseitej 2004: 53.
130 Csejtei 2004: 53; cursivas del autor.
131 Csejtei 2004: 52.

cuadro, el yo, en toda su pertenencia social, frecuentemente se comunica con una instancia superior, metafísica, pero aterrizándola a los registros de una comunicación interpersonal. Así sucede con la muerte, que adquiere rasgos entre metafísicos (espectrales) y personales (personificados).

También en la poesía de Unamuno el desdoblamiento del yo se maneja tras este "solipsismo trágico"[132], y se vislumbran señales (in-estables) contra el anonadamiento (heideggeriano, según Csejtei[133]). En el caso de "Vendrá de noche", el espacio textual se encuentra casi enteramente ocupado por la muerte-(madre-)-noche, justamente en su innombramiento, y el constructo del yo parecería no ser una opción. Desde su principio, este se orienta en la idea de un *Ego-Tod*, el desprendimiento y a la vez un ensanchamiento del yo. Tal muerte del yo, estaría caracterizada por cierta excitación nerviosa; quizás como aquella se supone le precede a la muerte.

Siguiendo esta hipótesis, podríamos afirmar que el texto no estaría solamente bajo la impresión de un enflaquecido don auctorial/escritural, como lo suelen exponer los textos de prosa de Unamuno, sino movido por una pulsión más directa del miedo; es decir no de una razón del miedo, sino de un miedo ritmizado, y en tanto corporalizado, en forma de pulso del 'corazón entregado' quizás. Desde ese im/pulso se desprendería el deseo de des/cifrar a la oscuridad, de leerla, y de atribuirle cualidades distintivas, para verla mejor, pero sin el trazo de un yo auctorial. Es decir: siendo la muerte la que sella, no hay sello ni de un yo desestabilizado.

Dice Csejtei: "lo que 'viene' no es la muerte biológica, impersonal, sino [el] fin personal"[134]; y subraya que la muerte es sufrida de manera pasiva y sola[135], cercana a la muerte animal. Efectivamente, en "Vendrá de noche" lo animal se asoma en el ambiente sonoro del texto, mediante el "ladrido". En uno de los últimos versos, y en su horizonte temporal, futuro y advenedizo este ladrido se "apagará" "a lo lejos". Es aquí que el poema le cede el paso a la calma, y a la noche final, sin dejar rastro de un yo (ni de un yo aullante).

---

132 Csejtei 2004: 56.
133 Este autor indica que el poema, que data de 1925, fue escrito justo cuando Heidegger estaba trabajando en *Sein und Zeit* (véase Csejtei 2004: 54).
134 Cseitej 2004: 53.
135 Véase Cseitej 2004: 54.

Sin decir la palabra 'miedo': la barrera lingüística y la insistencia neurótica

Muy a diferencia de la prosa unamuniana, que abunda en ello, la palabra 'miedo' en "Vendrá de noche" no es usada. Nutrido por lo difuso, indefinido, invisible, el miedo parecería articularse como una presencia afectiva solapada, gestada en concordancia con el hecho de que también la noche/muerte es un acontecimiento meramente anunciado, un fenómeno por 'hacerse'. El poema hace entonces no solamente alusión a lo nocturno y sus connotaciones mortuarias, sino a su 'fabricación', condición que encuentra eco en las construcciones pleonásticas del 'venir' y 'llegar' y se acentúa mediante las estructuras oximóricas. No hay temor, no hay pánico, porque no hay muerte concretada, y mucho menos hay un muerto. La muerte se comunica más bien, tal como expusimos más arriba en referencia a Thomas Macho, como inenarrable, como inaccesibilidad hermenéutica, se desliza, oscilante; no tiene paradero. En consecuencia, tampoco tiene cabida o legitimidad el *miedo real* ante este mero anuncio, el texto parecería arrastrar consigo la necesidad o posibilidad de expresarlo.

Donde la noche penetra como instancia demandante que cobra, entrevemos sin embargo el gesto medroso del texto. Este se expresa en la composición 'neurótica' del texto – que no perfora las barreras de un yo, porque no lo hay –, en la gestación de una 'barrera lingüística', en el ritmizado y eufónico, y por tanto gozoso fracaso del poema.

No queremos hablar de necrofilia, ya que esta palabra está estrechamente asociada con la resistencia de Unamuno ante los falangistas y Millán Astray el 12 de octubre de 1936 en la Universidad de Salamanca, poco antes de su propia muerte. Pero el texto exhala una fascinación por la muerte que culmina en la final entrega del corazón que en términos de *embodiment*, representa una muy sublimada seña corporal; además de pertenecer a una *Pathosformel* y al campo de la verificación psico-física. La noche como *memento mori* es respondido con esta corazonada del texto.

El decir disfuncional, dislocado de "Vendrá la noche" viene apoyado por recursos elípticos puntuales: ocho entradas de puntos suspensivos, dos de ellos en las últimas líneas del texto. Las alusiónes no-diegéticas del poema son entonces inclusive superadas por lagunas en el enunciado ritmizado y 'fluido', creándose así un economía de la repetición interrumpida que crea una poética del afecto distanciado, no mimético, y quizás inmunizado e inmunizante, para hablar con von Koppenfels. Por lo menos, este decir es moderno porque es permisivo frente a la insistencia neurótica; y como si todo lo ya dicho fuera poco, su estructura pleonástica integra un ademán interrogativo, cristalizado en una inquietud genérica. Quiere saber el texto: "de noche ha de venir...¿él, ella o ello?" (v. 46). Concordamos con Csejtei, que por su parte enfatiza compartir su opinión con muchos otros analistas: "destacamos [...] la reiteración maniaca, casi histérica del verso que es al mismo tiempo el título del poema."[136]

Siendo el recurso repetitivo uno de los más recurrentes en la poesía, valga resaltar que László Scholz, traductor de Unamuno al húngaro, con respecto a "Vendrá de noche" habla de un "cantar en el estilo de Poe", y de un "poema que está luchando con la muerte".[137] Siguiendo a Csejtei podemos formular que el texto "aumenta" el miedo también acorde a la "brusquedad" puntual de la muerte que hace aparición en el. Del *factum brutum*, existencial e inaprehensible, llegamos a un hecho brusco puesto al acecho, envuelto en la noche, que va cobrando perfil conforme el texto va delirando, porque la muerte "nunca muda" (v. 35). Es decir: la muerte es inevitable e inamovible, porque siempre toca[138], o 'sella'. Dándole esta forma, "Vendrá de noche" expresa un ambiguo *délire de toucher*.

El texto abierto y la quiescente identificación de la muerte

"Vendrá de noche" entonces prepara y pone en escena un arribo sigiloso, en la travesía de un espacio temporal que codifica un aumento y una apertura de la sensibilidad: la noche. Este espacio, que cifra además un estancamiento temporal, está asociado a la alianza de Tánatos e Hipnos; evoca la "consanguinidad entre sueño y muerte".[139] Ambos estados se caracterizan por la quietud. El declive del poema, más allá de hacerse eco con el carácter abierto de las obras unamunianas en general[140], también se entiende en este sentido. No queremos transferir el diagnóstico de lo apelativo y engañoso de la

---

136 Csejtei 2004: 55.
137 Scholz citado en Csejtei 2004: 55.
138 Véase Csejtei 2004: 54.
139 Pulido Rosa 2000: 33ss.
140 Véase Vauthier 2004: 217 y nuevamente Callsen 2017: 270.

narrativa de Unamuno: pero, desestabilizando la línea divisoria entre prosa
y poesía, sí queremos arrojar luz sobre el aspecto performativo de "Vendrá
de noche" ante la muerte. En el poema no se comunican enunciados directos,
ni se articulan niveles de reflexión, pero sí hay una actuación de la palabra
ante el acontecimiento anunciado. Se dislocan los elementos de un imaginario
tanático, necro-fóbico y a la vez necrófilo en el sentido metafórico; se pro-
ducen transfiguraciones o 'travestismos' en tanto que la muerte no aparece
solamente con senos, sino además desnuda (v. 33). Por otro lado, la retahíla
pronunciada, el "canto" o la litanía, se arropa con ella, "que lo cubre todo"
(v. 52). Pero es más: después de un meta-discurso del tiempo físico y gramá-
tical ("Vendrá de noche,/[...], vendrá...venir es porvenir... pasado/que pasa
y queda y que se queda al lado/y nunca muda..."; v. 31–35), la muerte, que
"[v]endrá como se fue, como se ha ido" (v. 25), no provoca solamente que se
reasegure el noctámbulo ritornello ("Vendrá de noche, sí, vendrá de noche,
[...] vendrá la calma.../vendrá la noche...." (v. 54; 61), sino que además
quede claro que la respuesta a la pregunta "¿él, ella o ello?" – es *la* noche.

El texto desemboca en el fin que Freud le atribuye en *Jenseits des Lust-
prinzips* (1920) a la pulsión de muerte: la quiescencia ("Ruhe der anor-
ganischen Welt"). La metamorfosis de la anafórica locución relativa al
tiempo, futura ("vendrá...de noche"), se convierte en el objeto anunciado;
el poema se revela como procesual, abierto – y no obstante final. No ha
sido identificado ningún yo, no ha sido pronunciado el miedo: "Vendrá de
noche" a lo/la ineludible le responde por ende con calma.

Segunda nictografía: "Es de noche"

Cerramos nuestro ensayo con algunas observaciones, más despejadas, sobre el segundo poema, que forma parte del primer poemario de Unamuno
y que es mucho menos estudiado: "Es de noche"[141]. Igualmente en este
temprano texto poético hallamos una *meditatio mortis* y un procedimiento
condensado por el decir poético y agudizado de la nictografía. Recordemos
que Unamuno se articula en contra de una tecnologización de la muerte,
así como también en contra de su usurpación por los dogmas religiosos.
De manera inaugural en el registro poético del autor, antes de que este se

---

141 Unamuno 1987: 209s.

explayase sobre la muerte en sus tratados escatológicos, pero contemporáneo a sus especulaciones de "Sobre la europeización", "Es de noche" dicta un saber alter-moderno de la muerte, redactado para facultades otras, hipnotizantes, oníricas; además de ontológicas y existencialistas. Lo que nos interesa es que en este texto al igual que en "Vendrá de noche", el miedo funciona como modus de la anticipación, pero se vincula más con un nivel meta-escritural y los miedos inherentes a la existencia autorial.

La "terrible blancura" y la sangre del texto

Volvemos sobre la madeja muerto-miedo relacionadas con el impacto iniciático de la página en blanco por un lado, así como también sobre la insistencia en el espacio vacío de la página en la conceptualización de un estética de la grafía en la que se articulan y teorizan experiencias de bifurcación, de separación, más allá de la confrontación con el vacío como falta de contenido mental o material; relacional y espacial – y metonímica en el sentido óntico – que por otro lado será respondido en la lógica del *horror vacui* de la hipertrófica poiésis del barroco con sus actos de decoración/devoración. "Es de noche" inicia así:

> Es de noche, en mi estudio.
> Profunda soledad; oigo el latido
> de mi pecho agitado
> es que se siente solo,
> y es que se siente blanco de mi mente
> y oigo a la sangre
> cuyo leve susurro
> llena el silencio.
> Diríase que cae el hilo líquido
> de la clepsidra al fondo.[142]

Somos testigos de un acto profundo – de inmersión – en una noche placentera, en lo relativo a las condiciones de escritura. A su vez presenciamos un eufórico fondo en el que irrumpe lacónica, una señal o una alineación barroca. Todo oído, la instancia vocal, que sí se identifica como yo y se sitúa como autorial en el íncipit (y por lo tanto podemos hablar de ensimismamiento)

---

142 Unamuno 1987: 209s.; v. 1–10.

es sensibilizada por el cronotopos de la noche y se percata del latido de su propio corazón, como alerta de la (aunque aparentemente amena) soledad.

El *embodiment* en este texto es explicitado y conjugado con el emblema de la página; no estrictamente la página en blanco, pero sí un médium que parecería construirse sobre la base del "blanco de mi mente" y estar sintonizado con el "susurro de la sangre" en lo relativo a los "renglones" que deben de ser terminados por el escribiente (y entrarán en escena más adelante).

"Es de noche" posee un ademán comunicacional, reflexivo. Con la formulación "diríase que..." (v. 9), por ejemplo, propone una lectura de las circunstancias y la comparte con quien lee el texto. El yo, mientras tanto, presta agudizada atención a los libros que lo rodean y son interpelados mediante una fórmula repetitiva y también contrastiva con el ambiente sonoro interior evocado en principio: "los libros callan". El texto trama así su *tableau* antonímico, de sonoridad interior y silencio (o más bien impasibilidad) exterior, siendo esta situación empero dialogada e ilustrada, a comparación de cómo funciona "Vendrá de noche". La situación aquí es comunicada de manera cuasi 'didáctica', con la ayuda de una metáfora de la medición del tiempo: el reloj, la "clepsidra" (v. 10). Como medidora líquida, esta se sintoniza con la sangre que se superpone a la mente en blanco, y contribuye a que el texto fluya.

Cronotopos y cronobiología: el teatro noctámbulo interior

"Es de noche" inicia con un gesto autoficcional por antonomasia unamuniano y con ello se diferencia sustancialmente de "Vendrá de noche": la instancia autorial es materializada a través del registro sensorial. Situada en el macro-espacio de la noche y en el micro-espacio del "estudio", oye, ausculta, y así se presentifica. Esta ilustración espacio-temporal se arma a través del enunciado paratáctico: "Es de noche, en mi estudio", seguido por la evocación de la situación sujetiva. Esta se realiza después de una cesura, un punto que es llamativo en comparación con la puntuación que sigue compuesta por punto y comas, y solamente unos pocos puntos que le dan fin a enunciados bastante más largos.

Señala García de la Concha que el

"esquema más frecuente de creación poética unamuniana consiste en partir de una localización, como en un primer tiempo de la meditación en la composición viendo el lugar. Operan ahí todos los sentidos, porque se trata de situarse dentro del cuadro. La meditación discurre después fijando la atención en los diversos aspectos de ese 'locus' […]. De ese modo, circula el pensamiento embridado."[143]

En "Es de noche" se aplica este esquema. En comparación con "Vendrá de noche", la inmersión nocturna es menos 'noctámbula' en el sentido lírico, sino más dramática. Quizás sea oportuno inclusive hablar de un poema teatral, también en referencia a las observaciones de París sobre la teatralidad en Unamuno.[144]

La deixis temporal se expresa mediante la locución preséntica "Es de noche", siendo priorizada ante la deixis espacial, por la coma ("Es de noche, en mi estudio"). Así, el texto protagoniza al período carente de luz solar, en el sentido de la fenomenología de la noche expuesta más arriba, pero de manera más sobria. Porque el decir del texto es más ostentativo, a primera vista. El yo se ubica en un contexto tramado por una serie de requisitos que componen el estudio – libros, una lámpara de aceite – más las referencias de los primeros – "pensadores, poetas, doctos" (v. 17), así como "espirítus" (v. 18) dormidos. Después pondrá en marcha una cuenta regresiva: enhila señales, síntomas que anuncian una pronta muerte.

"Quién no recuerda las angustiadas poesías en que Unamuno anticipa su muerte?", pregunta París subrayando que la muerte unamuniana no estaría concebida exclusivamente como "horizonte final" de la vida, sino además como una presencia que perfora el quehacer cotidiano, actuando sobre el eje temporal de la vida humana.[145] En "Es de noche" las señales corporales, como "latido/de mi pecho agitado" (v. 3), el susurro de la sangre, etc. son hitos biocronométricos que irrumpen en la fluidez del tiempo de la escritura y en el monólogo interior anticipatorio. El tono reflexivo y ostentativo del poema así se torna mortuorio, porque se estanca, como también el yo se imagina estancado: "Tal vez cuando muy pronto/vengan para anunciarme/ que me espera la cena/encuentren aquí un cuerpo/ pálido y frío" (v. 35s.). Valga enfatizar que este cuerpo imaginado según la lógica de la muerte cual proceso hipotérmico, es equiparado con una "cosa que fui yo" (v. 37). He aquí *the thing*, el propio abyecto tras la expulsión del eje temporal vital que le fue concedido.

---

143 García de la Concha 2000: 181.
144 Véase París 1989: 320.
145 París 1989: 198.

Temblor: sobrevivir a través del miedo de la agonía escritural

La retórica del miedo de "Es de noche" se compone entonces por la alusión a las manifestaciones corporales de una muerte inminente, incluidas las anticipaciones cadavéricas. Como polo opuesto a este cuadro en el que se imagina que en las venas se habría 'yeldado' la sangre y el pecho yacería bajo la ahora "lámpara funeraria" (v. 42), acontece un verdadero "teatro interior"[146]. Esto quiere decir: un teatro *en* el cuerpo; siendo este el escenario de las implicancias mortíferas de la noche. Somatizando de la manera descrita, el "hombre interior" unamuniano – la persona[147] – se agota, se termina. Esto se produce de la siguiente forma: alerta porque siente que rondea la muerte – que finalmente también se perfila como alegórica – el escriba no puede escribir más porque se encapricha con que debe observarla, fijarse si ella lo acecha. Escudriña en "lo oscuro", intenta distinguirla entre "las sombras/su sombra vaga" (v. 23s.). Lo sombrío como tenor semántico enmarca operaciones nerviosas a nivel fonético, como la caída asonante (v. 25) de "angina" (v. 25) a "ansia" (v. 48) que cristaliza el auscultamiento desde el exterior al interior, el goteo del reloj biológico. Todo se ablanda y se enflaquece; también la lámpara bajo el impacto de la creciente sombra. De esta manera, el pulso desemboca en un "tiemblo de terminar estos renglones que no parezcan extraño testamento" (v. 45). "[D]ictados por el ansia/ de vida eterna" (48s.), dictados por el miedo como sistema agonal, estos renglones son dictados con la gravedad de una signatura, pero la anafórica estructura del texto, emitida por el melancólico y solipsista yo de cuerpo adolorido, iluminado por el negro sol, no permitirá que este sea devorado ya, sino solamente su miedo moldeado a través de la creación. Las últimas palabras del poema efectivamente no lo desligan del mundo medial; el yo ha sobrevivido; la muerte no ha llegado aún, y la agonía escritural, por ahora, ha valido la pena: "terminé [los renglones] y aún vivo" (v. 50).

Bibliografía

Agacir, Martin (1932): "Este gran don Miguel…Las pajaritas de papel de Unamuno". En: *Estampa*, diciembre de 1932, reproducido en: <http://

---

146 París 1989: 320.
147 Véase Orringer 2000: 372.

migueldeunamuno.gipuzkoakultura.net/unamuno_pajaritas_papel.php>. (19.9.2018)

Agamben, Gorgio (2008): *Il linguaggio e la morte. Un seminario sul lougo della negatività*. Torino: Einaudi.

Alazraki, Jaime (1966): "Unamuno crítico de la literatura hispanoamericana". En: *Hispania* 49, 4, pp. 755–763.

Alazraki, Jaime (1994): *Hacia Cortázar: aproximaciones a su obra*. Barcelona: Anthropos.

Álvarez Castro, Luis (2005): *La palabra y el ser en la teoría literaria de Unamuno*. Salamanca: Ediciones Universidad de Salamanca.

Álvarez Castro, Luis (2015): *Los espejos del yo: existencialismo y metaficción en la narrativa de Unamuno*. Salamanca: Ediciones Universidad de Salamanca.

Ayala, Jorge M. (1984): "Ortega Gasset y las ideas darwinistas". En: Mariano Hormigón Blánquez (coord.): *Actas II Congreso del Sociedad Española de Historia de las Ciencias*. Volumen 1 (La ciencia y la técnica en España entre 1850 y 1936: comunicaciones), pp. 319–324.

Blasco, Javier/Celma, María Pilar/Ramón González, José (2003): *Miguel de Unamuno, poeta*. Valladolid: Universidad de Valladolid: Secretariado de Publicaciones e intercambio editorial.

Böhme, Hartmut (1996): "Gefühl". En: Christoph Wulf (ed.): *Vom Menschen. Handbuch historische Anthropologie*. Weinheim: Beltz, pp. 525–548.

Böhme, Hartmut (2003): "Theoretische Überlegungen zur Kulturgeschichte der Angst und der Katastrophe". En: Anne Fuchs/Sabine Strümper-Krobb (eds.): *Sentimente, Gefühle, Empfindungen: zur Geschichte und Literatur des Affektiven von 1770 bis heute*. Würzburg: Königshausen & Neumann, pp. 27–44.

Böhme, Gernot (2012): *Ich-Selbst. Über die Formation des Subjekts*. Paderborn: Wilhelm Fink.

Bourke, Joanna (2006): *Fear: A Cultural History*. London: Virago.

Cabrera, Antonio (2009): "Una fenomenología de la noche". En: *Litoral* n°247, 1° semestre, pp. 42–53.

Callsen, Berit (2017): "Escrituras del yo en la obra poética de Miguel de Unamuno". En: Jorge Locane/Gesine Müller (eds.): *Poesía española en *el mundo. Procesos de filtrado, selección y canonización*. Frankfurt am Main/Madrid: Vervuert, pp. 257–271.

Carrera, Arturo ([1972] 2013): *Escrito con un nictógrafo*. Buenos Aires: Interzona.

Carvajal Cordón, Julián (1998): "Ortega y el pesimismo del 98". En: José G. Cayuela Fernández (ed.): *Un siglo de España: centenario 1898–1998*. Cuenca: Universidad de Castilla la Mancha/Cortes de Castilla la Mancha, pp. 583–625.

Celma Valero, María Pilar (2002): "Miguel de Unamuno, poeta simbolista". En: *Anales de Literatura Española* n° 15, pp. 93–107.

Ciplijauskaité, Biruté (1988): "Los valores fónicos en la poesía de Unamuno". En: *Hispania* n° 1, Vol. 71, pp. 31–37.

Cohen, Joseph (2010): "Die Nacht – Von einer Sprache in die andere". En: Brigitta Keintzel/ Burkhard Liebsch (eds.): *Hegel und Levinas. Kreuzungen, Brüche, Überschreitungen*. Freiburg/München: Frank Alber, pp. 327–349.

Cortázar, Julio (1983): "De una infancia medrosa". En: *Proceso* del 9 de julio 1983. En línea: <https://www.proceso.com.mx/136501/de-una-infancia-medrosa> (11.9.2018)

Csejtei, Dezsö (2004): *Muerte e inmortalidad en la obra filosófica y literaria de Miguel de Unamuno*. Salamanca: Ediciones Universidad de Salamanca.

Curtius, Ernst Robert (1954): "Miguel de Unamuno 'excitator hispaniae'". En: *Cuadernos Hispanoamericanos* n° 60, pp. 248–264.

Diego, Gerardo (1948): "Los poetas de la generación del 98". En: *Arbor* n° 36, tomo XI, pp. 440–448.

Escamilla Valera, Ascensión (2000): "La mirada de Miguel de Unamuno desde su *Nuevo Mundo*". En: Cirilo Flórez Miguel (coord.): *Tu mano es mi destino. Congreso Internacional Miguel Unamuno*. Salamanca: Ediciones Universidad de Salamanca, pp. 143–152.

Fernández Sola, Cayetano (2012): *Afrontar la muerte en Ciencias de la Salud*. Almería: Universidad de Almería.

Ferrari, Marta B. (2014): *Unamuno: obrero del pensamiento. Antología poética*. Estudio preliminar y selección por Martha Ferrari. Villa María: EDUVIM.

Ferrari, Marta B. (2017): "Miguel de Unamuno poeta: 'el buen obrero del pensamiento'". En: *Texturas* 13, pp. 105–114.

Flórez Miguel, Cirilo (coord.) (2000): *Tu mano es mi destino. Congreso Internacional Miguel de Unamuno*. Salamanca: Ediciones Universidad de Salamanca.

García Blanco, Manuel (1954): *Don Miguel de Unamuno y sus poesías. Estudio y antología de poemas inéditos o no incluidos en sus libros*. Salamanca: Ediciones Universidad de Salamanca.

García de la Concha, Víctor (2000): "Unamuno y la poética de la modernidad". En: Cirilo Flórez Miguel (coord.): *Tu mano es mi destino. Congreso Internacional Miguel de Unamuno*. Salamanca: Ediciones Universidad de Salamanca, pp. 185–204.

Gil Martínez, Daniel (2012): "La distinta naturaleza del día y de la noche en la antigüedad, y sus divisiones en horas". En: *El Futuro del Pasado* n° 3, pp. 285–316.

Glick, Thomas (2010): *Darwin en España*. Valencia: Publicacions de la Universitat de València.

Goebel, Eckart/Koppenfels, Martin von (2002): *Die Endlichkeit der Literatur*. Berlin: Akademie-Verlag.

González García, Ernesto (1994): "Unamuno y Freud, dos antropologías y un mismo método". En: *Cuadernos de la Cátedra Miguel de Unamuno* 29, pp. 69–90.

Hermosilla Sánchez, Alejandro (2007): "Influencias de Unamuno en Ernesto Sábato". En: *Cuadernos de la Cátedra Miguel de Unamuno* n° 44 (2), pp. 81–95.

Jarauta, Francisco (2000): "Ideas en la Europa del *fin-de-siècle*". En: Cirilo Flórez Miguel (coord.): *Tu mano es mi destino. Congreso Internacional Miguel de Unamuno*. Salamanca: Ediciones Universidad de Salamanca, pp. 227–234.

Juliá, Santos (1998): "Retóricas de muerte y resurrección. Los intelectuales en la crisis de conciencia nacional". En: Santos Juliá (coord.): *Debates en torno al 98: Estado, sociedad y política*. Madrid: Comunidad de Madrid, Consejería de Educación y Cultura, pp. 159–174.

Kernberg, Otto F. von /Hartmann, Hans-Peter (2006): *Narzissmus: Grundlagen-Störungen-Therapie*. Stuttgart/New York: Schattauer.

Koppenfels, Martin von (1998): *Einführung in den Tod. Garcías Lorcas New Yorker Dichtung und die Trauer der modernen Lyrik.* Würzburg: Königshausen&Neumann.

Koppenfels, Martin von (2007): *Immune Erzähler: Flaubert und die Affektpolitik des modernen Romans.* München: Fink.

Koppenfels, Martin von/Zumbusch, Cornelia (2016): *Handbuch Literatur & Emotionen.* Berlin: de Gruyter.

Korstanje, Maximiliano E. (2011): "La fobología, ¿ciencia o forma de entrenimiento?" En: *Nomadas. Critical Journal of Social and Juridical Sciences* n° 3, vol. 31. En línea: <https://www.researchgate.net/publication/276040241_La_fobologia_ciencia_o_forma_de_entretenimiento.> (15.9.2018)

Kraume, Anne (2010): *Das Europa der Literatur: Schriftsteller blicken auf den Kontinent (1815–1945).* Berlin/New York: de Gruyter.

Kristeva, Julia (1980): *Pouvoirs de l'horreur. Essai sur l'abjection.* Paris: Seuil.

Kristeva, Julia (1987): *Soleil noir. Dépression et mélancolie.* Paris: Gallimard.

Laitenberger, Hugo (2000): "La España de las dos vertientes". En: Cirilo Flórez Miguel (coord.): *Tu mano es mi destino. Congreso Internacional Miguel de Unamuno.* Salamanca: Ediciones Universidad de Salamanca, pp. 247–262.

López Castro, Armando (2010): *El rostro en el espejo: lectura de Unamuno.* Salamanca: Ediciones Universidad de Salamanca.

Macho, Thomas (2000): "Tod und Trauer im kulturwissenschaftlichen Vergleich". En: Jan Assmann (ed.): *Der Tod als Thema der Kulturtheorie.* Frankfurt a.M.: Suhrkamp, pp. 89–120.

Maíz, Claudio (2000): "Unamuno e Hispanoamérica: escribir desde la periferia". En: Cirilo Flórez Miguel (coord.): *Tu mano es mi destino. Congreso Internacional Miguel de Unamuno.* Salamanca: Ediciones Universidad de Salamanca, pp. 301–310.

Marina, José Antonio (2006): *Anatomía del miedo.* Barcelona: Anagrama.

Meyer-Sickendiek, Burkhard (2005): *Affektpoetik: eine Kulturgeschichte literarischer Emotionen.* Würzburg: Königshausen & Neumann. Nonnenmacher, Kai ([2006] 2012): *Das schwarze Licht der Moderne: Zur Ästhetikgeschichte der Blindheit.* Tübingen: Max Niemeyer.

Orringer, Nelson R. (2000): "El filósofo en escena: Filosofía y tragedia en Sofócles y en el *El Otro* de Unamuno". En: Cirilo Flórez Miguel (coord.): *Tu mano es mi destino. Congreso Internacional Miguel de Unamuno.* Salamanca: Ediciones Universidad de Salamanca, pp. 367–382.

Panero, Martín (1965): *La lucha de Unamuno por la inmortalidad.* Santiago de Chile: Editorial de la Universidad Católica de Chile.

París, Carlos (1989): *Unamuno: estructura de su mundo intelectual.* Barcelona: Anthropos.

Pascual, Eduardo (2000): "Unamuno, el nuevo Heráclito del siglo XX". En: Cirilo Flórez Miguel (coord.) *Tu mano es mi destino. Congreso Internacional Miguel Unamuno.* Salamana: Ediciones Universidad de Salamanca, pp. 383–388.

Pérez Herranz, Fernando Miguel/López Cruces, Antonio José (2001): "*El Cancionero* de Unamuno: aproximaciones desde la semántica topológica". En: *Estudios de Lingüística* (Universidad de Alicante) n° 15, pp. 5–59.

Pérez Pinto, Ángel (2005): "La creación por la palabra". En: Ana Chaguaceda Toledano (ed.): *Miguel de Unamuno. Estudios sobre su obra II.* Salamanca: Ediciones Universidad de Salamanca, pp. 389–394.

Pulido Rosa, Isabel (2000): "Innovaciones poéticas en Miguel de Unamuno". En: Cirilo Flórez Miguel (coord.): *Tu mano es mi destino. Congreso Internacional Miguel de Unamuno.* Salamanca: Ediciones Universidad de Salamanca, pp. 395–404.

Pulido Rosa, Isabel (2005): "Elementos originales y modelos constructivos en la poética de Miguel de Unamuno". En: Ana Chaguaceda Toledano (ed.): *Miguel de Unamuno. Estudios sobre su obra II.* Salamanca: Ediciones Universidad de Salamanca, pp. 27–35.

Ribas-Ribas, Pedro (1994): "Unamuno lector de Hegel". En: *Cuadernos de la Cátedra Miguel de Unamuno*, 29 (0), pp. 111–121. En línea: <http://revistas.usal.es/index.php/0210-749X/article/view/1661> (19.9.2018)

Rubio González, Lorenzo (1988): "Reseña de Unamuno, Miguel de: *Poesía Completa, 1.* Prólogo y edición de Ana María Suárez Miramón. Madrid, Alianza Editorial (Alianza Tres, 191), 1987 (437 páginas)". En: *Castilla: Estudios de Literatura* n° 13, pp. 205–207.

Sanmartín Pérez, Rosa (2009): "Yo, Uno y el Otro. Quién es quién en el teatro de Unamuno". En: *Stichomythia* n° 9, pp. 55–81.

Schammah Gesser, Silvina (2014): "Museos, etnología y folclor(ismo) en el Madrid Franquista". En: Stéphane Michonneau/Xosé-M. Núñez-Seixas (eds.): *Imaginarios y representaciones de España durante el franquismo*. Madrid: Casa de Velázquez, pp. 221–241.

Sollier, Paul (1983): "Obsessions: Délire du toucher". En: *Guide pratique de maladies mentales*. Paris: G. Masson, pp. 355–365.

Suárez Cortina, Manuel (2005): "Miguel de Unamuno y la novela histórica en la España de fin de siglo". En: Ana Chaguaceda Toledano (ed.): *Miguel de Unamuno. Estudios sobre su obra II*. Salamanca: Ediciones Universidad de Salamanca, pp. 287–311.

Todorov, Tzvetan (1970): *Introduction à la littérature fantastique*. Paris: Ed. du Seuil. Unamuno, Miguel de (1899): "Una visita al viejo poeta". En: *La Ilustración Española y Americana*. Madrid 8 de septiembre de 1899. En línea: <https://www.europeana.eu/portal/de/record/2022712/lod_oai_gredos_usal_es_10366____80314_ent0.html>. (15. 9. 2018)

Unamuno, Miguel de (1906): "Sobre la europeización. Arbitrariedades". En: *La España Moderna*, n° 216, año 18, pp. 64–83.

Unamuno, Miguel de (1984 [1912]): *Del sentimiento trágico de la vida*. Barcelona: Ediciones Orbis.

Unamuno, Miguel de (1913): "La Kultura y la Cultura". En: *Mundo Gráfico*, 26 de febrero de 1913, año III n° 70, p. 9.

Unamuno, Miguel de (1915): "El dolor de pensar". En: *La Esfera*, 7 de agosto de 1915. En línea: https://gredos.usal.es/jspui/bitstream/10366/80662/1/CMU_4-131.pdf. (15.9.18).

Unamuno, Miguel de (1920): *El Cristo de Velázquez*. Madrid: Espasa Calpe.

Unamuno, Miguel de (1922): "La cama". En: *Caras y Caretas,* 25 de febrero de 1922. En línea:< https://gredos.usal.es/jspui/bitstream/10366/100815/1/CMU_7-242.pdf> (19.9.2018)

Unamuno, Miguel de (1924): *Teresa: rimas de un poeta desconocido*. Madrid: Biblioteca Renacimiento.

Unamuno, Miguel de (1928): *Romancero del destierro*. Bilbao: El sitio.

Unamuno, Miguel de (1966): *La agonía del cristianismo*. Madrid: Espasa Calpe.

Unamuno, Miguel de (1977): *Cómo se hace una novela*. Madrid: Labor/Ediciones Guadarrama.

Unamuno, Miguel de ([1924–27] 1987): *Poesía Completa, 1*. Prólogo y edición de Ana María Suárez Miramón. Madrid: Alianza Editorial (Alianza Tres, 191).

Unamuno, Miguel de (2007): *Antología. Poesía, narrativa, ensayo*. Selección e introducción de José Luis L. Aranguren; epílogo de Pedro Cerezo Galán. Madrid: Fondo de Cultura Económica España.

Unamuno, Miguel de (2016): *Escritos sobre la ciencia y el cientificismo*. Edición de Alicia Villar Ezcurra. Madrid: Tecnos.

Vauthier, Bénédicte (2004): *Arte de escribir e ironía en la obra narrativa de Miguel de Unamuno*. Salamanca: Ediciones Universidad de Salamanca.

Villar Ezcurra, Alicia (2007): "Muerte y pervivencia en Unamuno". En: *Contrastes. Revista Internacional de Filosofía*, pp. 239–250.

Villar Ezcurra, Alicia (2013): "La crítica al cientificismo de Unamuno". En: *Pensamiento. Revista de investigación e información filosófica*, vol. 69 n° 261, pp. 1035–1048.

Mark Minnes

La comedia de enredos como provocación contra la filosofía: una lectura hegeliana de *El Otro* (1926)

Abstract: This paper explores the philosophical origins and developments of reflection on subjectivity in the 19th century. By doing so, it interprets certain aspects of Unamuno's theatrical production as a function of post-Hegelian philosophy of the subject. Drawing on a long tradition of comic, i.e. theatrical and paradoxical representations of the subject, the paper aims to show that Unamuno's entangled subjectivities did not come out of nowhere. Rather, they take up elements of Roman comedy and the early 17th-century *comedia de enredos* (baroque screwball comedy). Hegel himself had already come close to identifying the subjectivities of these theatrical forms as a provocation against 'serious' systematic thinking and an ethic based on propositional language. Thus, we may read Unamuno as participating in a long-standing, alternative line of thought on the Self and on subjectivity.

Key Words: G.W.F. Hegel, History of Philosophy, Subjectivity, Propositional Language, Irony, Roman Comedy, Screwball Comedy

Alumno de Heidegger y acérrimo interesado en la mística, el filósofo alemán Wolfgang Struve había encontrado una fórmula acertada y nítida cuando afirmó, en 1948, que la filosofía moderna podía leerse como una "metafísica de la subjetividad".[1] Sutilmente paradójico, el oxímoron de una "metafísica de la subjetividad" expresa a la perfección hasta qué punto el sujeto (que también llamaremos "el Yo") se había convertido, en Europa, en una obsesión casi monomaniaca de las filosofías pos- y neokantianas. Por un lado, adoptar una actitud filosófica que visa la autoconciencia humana y sus encarnaciones concretas en clave metafísica permite rastrear la *longue durée* del pensamiento existencialista del siglo XX. Por otro, y dentro de ese vasto abanico de tendencias filosóficas, también permite identificar la posición específica del filósofo y escritor Miguel de Unamuno. Ya casi se

---

1 Struve 1948.

ha convertido en lugar común subrayar que esta nunca será una posición clara, libre de contradicciones o fundadora de una escuela filosófica y estética. Sin embargo, lo que sí se verá es que, más allá de una filosofía que brota de manera misteriosa "de la vida"[2], las posturas unamunianas sobre el sujeto ocupan – y, en efecto, definen – un espacio filosófico determinado: un terreno que el propio Unamuno definirá como su "metantrópica"[3].

En el presente artículo mencionaremos varias circunstancias y consecuencias de tal planteamiento. Una de ellas será la permeabilidad e intercambiabilidad de los modos de expresión literarios y filosóficos – rasgo definitorio de la mayoría de filosofías existencialistas, aunque también de ciertos cánones filosóficos localizables, como la filosofía española.[4]

Asimismo, se observará otra circunstancia y consecuencia, concordante con la que antecede, en el problema filosófico de la superficialidad y opacidad del sujeto involucrado – o enredado – en la vida social (entendida como antagónica a la introspección o contemplación ascética). Desde *La República* de Platón, siempre han existido posiciones filosóficas que contemplan el mimo, el Yo teatralizado y, por ende, indentificable y mutable, como una provocación contra la reflexión filosófica seria.[5] En este sentido, la estética y los sujetos unamunianos constituyen una doble ruptura con las corrientes filosóficas específicas. A partir de este planteamiento, el presente artículo deslindará una posición filosófica, ética y estética de Miguel de

---

2   "Lo que va a seguir no me ha salido de la razón, sino de la vida […]. Lo más de ello no puede reducirse a teoría o sistema lógico, pero como Walt Whitman, el enorme poeta yanqui, os encargo que no se funde escuela o teoría sobre mí" (Unamuno 1999: 161).

3   Unamuno 1999: 276.

4   El espacio de reflexión que se supone universal – la filosofía – siempre se ha vinculado con determinadas áreas culturales y lingüísticas: la filosofía griega, el idealismo alemán, *Oxford* versus *continental philosophy*, *Wiener Kreis*, el posmodernismo parisino, etc. (véase, por ejemplo, Badiou/Nancy 2017). Resulta, pues, sintomático que la filosofía española se perciba desde un punto de vista descentrado: desde otras áreas culturales, la traducción cultural y el exilio (véase Frost 1989 y Castro Sánchez 2014). Encontramos los cánones clásicos de "pensamiento español" en Abellán 1979–1991 y Maceiras Fafián *et al.* 2002.

5   En 1905, el propio Unamuno opondrá el teatro a la lírica: "Porque en la lírica no se miente nunca, aunque uno se proponga mentir" (cit. en Franco 1971: 18). Véase *infra* el apartado sobre la comedia de enredos.

Unamuno con respecto a su "metantrópica", es decir, a su metafísica concreta de la subjetividad. De acuerdo con las posiciones unamunianas sobre la permeabilidad de la filosofía y la literatura en España, analizaremos con brevedad un caso paradigmático del sujeto teatralizado en la comedia áurea: la comedia de enredos. Posteriormente, al término del presente artículo, interpretaremos la actualización de aquel subgénero en la obra de teatro más destacada del catedrático salmantino: *El Otro* (1926).

El Yo enredado unamuniano forma parte de una *longue durée* de reflexión alternativa, en ocasiones heterodoxa, sobre el sujeto. Por ello, antes de zambullirnos en los párrafos relativos a la comedia de enredos y las obras unamunianas, presentaremos los trazos generales de un campo filosófico que a principios del siglo XX se había convertido en plena metafísica de la subjetividad. Se trata de una tendencia filosófica que, desde el punto de vista histórico y biográfico, dejó su impronta en una de las fases más íntimas de la biografía de Unamuno. En 1901, en una carta a Federico Urales y acordándose del año 1880, Unamuno escribió sobre sus primeros años universitarios y el Ateneo de Madrid:

> "Mi conversión religiosa [...] fue evolutiva y lenta, que habiendo sido un católico practicante y fervoroso, dejé de serlo poco a poco, en fuerza de intimar y racionalizar mi fe, en puro buscar la letra católica [y] el espíritu cristiano. Y un día de carnaval (lo recuerdo bien) dejé de pronto de ir a misa. Entonces me lancé en una carrera vertiginosa a través de la filosofía. Aprendí alemán en Hegel, en el estupendo Hegel, que ha sido uno de los pensadores que más honda huella han dejado en mí. Hoy mismo creo que el fondo de mi pensamiento es hegeliano."[6]

Carece de sentido – como ocurre a veces – comparar el pensamiento unamuniano con la filosofía hegeliana (dos pensadores separados por tres generaciones y enmarcados en contextos socio-históricos radicalmente distintos). No obstante, cabe señalar cómo, en la misiva citada, Unamuno se pone "una máscara [...] para aludir a cuestiones cuyo sentido va ligado a su trayectoria intelectual."[7] ¿Podríamos pasar por alto la alusión enfatizada ("lo recuerdo bien") al carnaval? A través de la máscara, Unamuno ya está novelizando el camino del sujeto hacia un Yo desconectado de la metafísica

---

6   Cit. en Salcedo 2005: 63.
7   Ribas 1994: 121.

institucionalizada de la Iglesia, hacia un Yo supuestamente libre y donjuanesco: burlón, mutable y enmascarado.

Vaivenes entre idealismo, racionalismo y existencialismo

A principios del siglo XIX, el idealismo alemán se encontraba arraiga-
do en núcleos poblacionales más o menos provinciales y periféricos como
Königsberg, Leipzig, Jena o un Berlín que acababa de convertirse en ciu-
dad universitaria (1809), suplantando la vetusta *Alma Mater Viadrina* de
Fráncfort (del Óder). Puede sorprender el grado de semejanza con ciertas
inquietudes unamunianas de ese diálogo provincial de la filosofía alemana
con la inmensa Ilustración francesa, la Revolución de 1789 y el humanismo
clásico. Tras haber sido acusado de ateísmo y perder la cátedra de Jena, un
amargado Johann Gottlieb Fichte (1762–1814), justificándose en su famoso
diálogo *Die Bestimmung des Menschen* (*El destino del hombre*, 1800) y
celebrando con obstinación los poderes del Yo, prometió un camino seguro
hacia un saber humano de lo inmediato:

> "No hay en ninguna parte nada permanente, ni fuera de mí ni en mí, sino un in-
> cesante cambio. No conozco que exista un ser en ninguna parte, ni en mí mismo.
> No existe ningún ser. Yo mismo ni sé ni soy. Soy imagen de una imagen. […] Toda
> realidad se transforma en un extraño sueño, en una vida que es materia de este
> sueño, sin un espíritu que sueñe; un sueño que se reduce a un sueño de sí mismo."[8]

Curiosamente, la hegemonía filosófica del idealismo alemán nació, ni más
ni menos, de un incansable optimismo ante aquella inestabilidad del sujeto y su circunstancia. Hegel, el robustísimo suabo, no hesitó en calificar
las cavilaciones fichteanas de "edificantes".[9] Todo el trabajo del filósofo
consistiría, pues, en dar forma y plasticidad a aquel "incesante cambio":
después de haber pasado por una fase empírica en Descartes y trascendental
en Kant, el idealismo especulativo hegeliano se asentará en la mismísima
reflexión, es decir, el desarrollo o despliegue dialéctico de un concepto: "Lo
que hay que hacer es organizar a Dios", opinará Unamuno (¿de modo irónico?) en un comentario a *Cómo se hace una novela*.[10] La verdad hegeliana

---

8   Traducido y citado en Villacañas Berlanga 1999 (vol. 2): 103.
9   Traducido y citado en Villacañas Berlanga 1999 (vol. 2): 103.
10 Unamuno 2000: 75.

nacerá, de hecho, de aquel pensamiento especulativo ambicioso, sistemático y englobante, anclado en la conciencia reflexiva. El sujeto de la filosofía hegeliana acaba adueñándose de su mundo metafísico – y de sí mismo – en un inmenso proceso de construcción conceptual:

> "La verdadera figura en que existe la verdad no puede ser sino el sistema científico de ella. Contribuir a que la filosofía se aproxime a la forma de la ciencia – a la meta en que pueda dejar de llamarse *amor* por el *saber* para llegar al *saber real*: he aquí lo que yo me propongo. La necesidad interna de que el saber sea ciencia radica en su naturaleza, y la explicación satisfactoria acerca de esto sólo puede ser la exposición de la filosofía misma."[11]

De esta afirmación ferviente sobre el saber como proceso de reflexión, de la verdad como fruto del despliegue filosófico de los conceptos del pensamiento humano, brotarán todas las aclamaciones entusiastas – y todas las críticas decepcionadas o indignadas – a la filosofía hegeliana.[12] A pesar de las polémicas unamunianas, el concepto hegeliano de "ciencia" en la *Fenomenología del espíritu* (1807) todavía no constituye un concepto empírico, positivista o logicista. Por el contrario, el neohumanismo hegeliano erige la utopía de un pensamiento humano sin fronteras. La carta de Unamuno a Federico Urales alude al entusiasmo juvenil (y rejuvenecedor) que la obra de Hegel despertó en varias generaciones de lectores. Sin embargo, al garantizar "lo universal o la *inmediatez del saber*", el sujeto pensante de la filosofía hegeliana asumía una tarea herculina: "todo depende de que lo verdadero no se aprehenda y se exprese como *sustancia*, sino también y en la misma medida como *sujeto*".[13]

En Spinoza, la "sustancia" implica un orden geométrico, fractal y totalizante de la metafísica. En Hegel, a través del acto de filosofar, el sujeto finito dinamiza aquella totalidad y, uniendo su finitud a la eterna verdad, la sintetiza y la completa. Mientras Goethe intuía el fenómeno originario (*Urphänomen*) de la naturaleza, Hegel se entregaba al placer innegable

---

11 Hegel 1966: 9.
12 Citaremos la posición entusiasta de Jean-Luc Nancy: "Hegel ist vielleicht gerade der erste Denker des unendlichen Genießens und das in einer Zeit, in der es eine Art Entfesselung gibt." Añade Alain Badiou: "Das Unendliche bei Hegel ist also der Subjekt gewordene Durchgang selbst. Nichts von dem lässt sich mit einer substanziellen Begrenzung beschränken." (Badiou/Nancy 2017: 42s.)
13 Hegel 1966: 15.

de la "violencia constructiva" de la dialéctica conceptual.[14] Como en el despliegue de la Santa Trinidad, la dialéctica ataba al sujeto a la verdad infinita, y viceversa, mientras desenmascaraba el fenómeno originario de Goethe como la verdadera abstracción libresca.

Al igual que Wolfgang Struve (1917–2011), cuyo trabajo *Die neuzeitliche Philosophie als Metaphysik der Subjektivität* abre el presente artículo, Karl Löwith (1897–1973) estudió filosofía en la universidad de Friburgo bajo la tutela de Edmund Husserl y Martin Heidegger. Escrita desde la emigración en Japón y publicada en Nueva York (1941), su obra monumental *Von Hegel zu Nietzsche. Der revolutionäre Bruch im Denken des 19. Jahrhunderts* (*De Hegel a Nietzsche. La quiebra revolucionaria del pensamiento en el siglo XIX*) repasa el camino de la filosofía poshegeliana en su totalidad. Nos cuesta imaginar el alcance político y el dramatismo individual de aquellas revueltas contra el hegelianismo, una verdadera quiebra revolucionaria en palabras de Löwith, porque nos cuesta imaginar el alcance de la escuela de pensamiento tácitamente universal creada por Hegel. Como se advertirá sin esfuerzo en los casos más famosos de Heinrich Heine (1797–1856), Sören Kierkegaard (1813–1855) o Carlos Marx (1818–1883), la práctica totalidad de las posiciones antihegelianas se habían nutrido, en un primer momento, del idealismo especulativo hegeliano. Su sistema tan solo se dejaba subvertir desde dentro y, desde Ludwig Feuerbach (1804–1872) al propio Unamuno, los filósofos entregados a una verdadera apropiación y deconstrucción del sistema siguieron siendo siempre partidarios intermitentes del hegelianismo.[15] La inquietud fundamental, la búsqueda del vínculo entre la conciencia humana y una verdad que se suponía infinita, no se vio aplacada. No obstante, la ruptura con las respuestas hegelianas se produjo a través de una concreción de la idea del sujeto. Este último llegó a ser, en términos unamunianos, no solo un hombre de carne y hueso, sino también un ser humano – como mantiene Max Stirner (1806–1856) en *Der Einzige und sein Eigentum* (*El único y su propiedad*, 1845) – con pasiones, pulsiones y obsesiones, pero liberado de sus obligaciones en teoría indelebles frente a una realidad histórica que debía su estatus metafísico a un mero

---

14 Löwith 2008: 31. La edición citada reproduce la traducción de Emilio Estiú, publicada en la Editorial Sudamericana de Buenos Aires en 1968.

15 Véase Löwith 2008: 105.

sistema filosófico. Cada vez más, el serse concreto y cotidiano rompía el molde del ser ontológico:

> "Feuerbach, Bauer y Marx quisieron restablecer *al* hombre, e ignoraron al ser humano y real, pues sólo es real el hombre individual, de carne y hueso, tal como es aquí y ahora y en tanto es éste o aquél. Todos siguen creyendo todavía, como los sacerdotes de la Revolución Francesa, en la verdad *del* hombre, y por eso tratan de cortar la cabeza *a los* hombres, de acuerdo con el principio de servir *al* hombre como tal. El espíritu que anima a esos críticos del espíritu ya no es ciertamente un espíritu absoluto y santo, sino el de la humanidad. Pero tal humanidad suprema y universal se diferencia tanto del Yo real como la idea universal difiere de la existencia singular e insignificante que es la mía propia." [16]

Las exigencias psicológicas de la "existencia singular e insignificante" socavarán, poco a poco, el enorme entramado argumentativo de la filosofía sistemática. El propio Hegel había vivido ese mismo conflicto íntimo junto con su amigo de la juventud, Friedrich Hölderlin (1770–1843). En una carta temprana a Schelling, Hegel confesaba haber "trocado el «ideal de la juventud» por el «sistema»", y que deseaba habilitarse para volver a intervenir en la vida de los hombres." [17] Pero para las generaciones posteriores, el esfuerzo heroico y doloroso de la filosofía hegeliana, su voluntad de "habilitarse" a través del razonamiento serio y sistemático, había perdido su vigencia. Los precursores de la filosofía existencialista se vieron obligados a deshabilitarse, siguiendo el único camino que Hegel les había dejado abierto. Surgirá el *mal du siècle* que Hegel había previsto al temer que "cuando el hombre no sabe «encontrarse» en ningún mundo ni «familiarizarse» con él, no sólo se produce la infelicidad personal, sino también la «no-verdad» y el más duro «destino, que es el no tener destino»". [18]

En la *Fenomenología del espíritu*, esta forma de perderse a sí mismo, la incapacidad de "familiarizarse" con la circunstancia y consigo mismo, el pensamiento borroso, se tratará bajo el famoso apartado de la "conciencia

---

16 Cit. en Löwith 2008: 409. Resulta curioso el hecho de que, revolviéndose contra los humanismos hegelianos de Alexandre Kojève, Maurice Merleau-Ponty y Jean-Paul Sartre durante las décadas de 1940 y 1950, la filosofía francesa entrará también en una larga polémica sobre el sujeto (véase Descombes 1979).

17 Löwith 2008: 217.

18 Löwith 2008: 217.

desventurada".[19] Este subcapítulo dibuja una crisis del sujeto, un "fondo del abismo" que Hegel, como hombre de carne y hueso, había superado a través de su filosofía sistemática.[20] Pero, paradójicamente, su remedio había agudizado de forma drástica el problema de la "conciencia desventurada" para todos sus alumnos y sucesores. En un primer momento, el sistema especulativo de Hegel les pareció un monumento inalcanzable, pero consolador. A segunda vista, la promesa hegeliana del puente entre la conciencia individual y la verdad infinita (como entre el ser y la nada) les pareció un mero truco de prestidigitación retórica. A través del prisma del lenguaje filosófico nacido en los años 30 del siglo XIX, el Yo – con su sed de serse, sus intereses inmediatamente egocéntricos, es decir: su eterno e irresoluble *interessere* ontológico – se rebelaba contra el idealismo dialéctico.

En 1841, cuarenta años antes de que, en Madrid, Unamuno dejara "de pronto de ir a misa" y se lanzara a "una carrera vertiginosa a través de la filosofía", Sören Kierkegaard pasó por una experiencia muy parecida. Como muchos intelectuales de la época, había llegado a Berlín para escuchar las conferencias inaugurales del sucesor de Hegel, fallecido este último en 1831. La decepción que le provocó el canoso administrador del legado de la filosofía idealista, F. W. J. Schelling (1775–1854), con sus conferencias ya anacrónicas, resulta de plano paradigmática: "Soy demasiado viejo para oír lecciones, así como Schelling es demasiado viejo para dictarlas. Toda su doctrina de la potencia delata una suprema impotencia."[21] Treinta años después de sus primeras lecturas entusiastas en Madrid, Unamuno escribirá en *Del sentimiento trágico de la vida*:

"Hegel hizo célebre su aforismo de que todo lo racional es real y todo lo real es racional; pero somos muchos los que, no convencidos por Hegel, seguimos creyendo que lo real, lo realmente real, es irracional; que la razón construye sobre irracionalidades. Hegel, gran definidor, pretendió reconstruir el Universo con definiciones, como aquel sargento de Artillería decía que se construyen los cañones: tomando un agujero y recubriéndolo de hierro."[22]

---

19 Hegel 1966: 121.
20 Unamuno 1999: 149. Véase también Descombes 1979: 59s.
21 Cit. en Löwith 2008: 199.
22 Unamuno 1999: 81s. Dirigiéndose a un público no especializado y con más de un siglo de distancia con respecto a los primeros escritos de Hegel, el uso

Como en otros pensadores existencialistas, el polémico rechazo del pensamiento sistemático en Kierkegaard y Unamuno generó nuevas formas de escritura en busca de nuevos lectores. Pero en ninguno de los dos el pensamiento y la escritura hegelianos desaparecen sin dejar una profunda huella. El lenguaje hegeliano está más que vivo en *Om Begrebet Ironi* (*Sobre el concepto de ironía*, 1841), *Enten-Eller* (*O lo uno o lo otro*, 1843) o *Gjentagelsen* (*La repetición*, 1843), mientras que los propios textos desarrollan motivos como lo indecidible, la autoría fingida o el juego paradójico de desdoblamientos y repeticiones: figuras de pensamiento, todas, inasimilables a una evolución sistemática y constructiva de una dialéctica conceptual.

En torno a 1947, al redactar *La idea de principio en Leibniz*, Ortega y Gasset escribía que se acordaba de un "hombre sumamente parecido a Kierkegaard y por eso conozco a éste muy bien".[23] Siete años antes, en un artículo sobre Unamuno publicado en La Habana, María Zambrano también había enfatizado aquella hermandad: "Y así, Kierkegaard nos aparece como un hermano".[24] De hecho, el teatro de Ibsen había llevado a Unamuno a leer a Kierkegaard, como prueban los catorce volúmenes de los *Samlede Værker* de Kierkegaard que se conservan en la Casa Museo Unamuno en Salamanca y que datan de 1901.[25] La influencia de Kierkegaard en *Del sentimiento trágico de la vida* (1913) o *Niebla* (1914) es innegable.[26] Sin embargo, parece que la recepción universitaria de la obra de ambos autores no puede expresarse sin sistematizar sus trabajos y pensamientos.

Con respecto a los modelos genéricos del breviario, de la guía espiritual y de la literatura de consejo, conviene recordar una lección del crítico y filólogo Ottmar Ette: estas formas de escritura – que Kierkegaard y Unamuno comparten con autores como José Enrique Rodó o Ángel Ganivet – no se limitan a un desarrollo constructivo y lineal de un crecimiento personal; al contrario, se basan tanto en estrategias retóricas predeterminadas como en tópicos y estructuras preestablecidos. Así, la recepción de la guía también

---

unamuniano del término no calificado "razón" es, aquí, pura polémica: "El pensamiento de Unamuno siempre fue polémico [...]." (Zambrano 2003: 57)
23 Cit. en Salcedo 2005: 165.
24 Zambrano 2003: 152.
25 Véase Evans 2005: 1.
26 Véase Evans 2005: cap. 3.

puede revelarse discontinua, fragmentada y de "lectura breve".[27] Por lo
tanto, creemos que sería erróneo e incluso paradójico volver al gesto cien-
tífico hegeliano de reorganizar a contrapelo el pensamiento de Kierkegaard
y Unamuno en estadios de una mera *technique de soi* actualizada para la
modernidad. En contraste, subrayamos que esas escrituras manifiestan dis-
continuidades y confluencias, vaivenes y juegos interminables de tópicos,
contradicciones, espejismos y obsesiones. A pesar de sus características
eto-poéticas en el sentido de Foucault, proyectan subjetividades que ya no
poseen línea de fuga continua; no progresan hacia la coherencia.

Del sentimiento cómico de la vida en la comedia de enredos

No fue casualidad que Kierkegaard empezara su trayectoria de escritor con un
impresionante trabajo de maestría *Sobre el concepto de ironía* (1841). En su *Filosofía del derecho*, publicada en 1820 aunque fechada en 1821, Hegel se había
rebelado contra las tendencias donjuanescas, harto burlonas y teatrales de la
juventud romántica. Imitando el gesto extravagante de esta última, enfatizando
un Yo desmesurado y poniéndose en el lugar de una actitud extravagante que
juzgaba, en gran medida, desacertada, el filósofo berlinés exclamaba:

> "Vosotros tomáis una ley, de hecho y honestamente, como algo que es en y por sí;
> yo la comparto, pero al mismo tiempo voy más allá y puedo actuar de *esa u otra*
> manera. Lo superior no es la cosa sino *yo*; yo soy el señor que decide sobre la ley y
> la cosa, y juego con ellas como con mi capricho, mientras en la conciencia irónica
> en que hago sucumbir lo más elevado *sólo gozo de mí mismo*."[28]

Por un lado, seguramente acordándose de las peripecias del enérgico catedrático Fichte en manos de un gobierno todopoderoso, el pasaje nos
muestra un Hegel más conformista y conservador que se proclama defensor
del *statu quo* prusiano. Por otro, poniéndose una máscara y encarnando
con teatralidad una posición heterodoxa, Hegel está refutando de modo
irónico la ironía romántica. Es consciente de un elemento que, a lo largo del
siglo XIX, se convertirá en un reto considerable para la filosofía idealista:
un sujeto teatralizado que "juega", en palabras del propio Hegel, con las

---

27 Ette 2008: 219. Véase también Zambrano 2003: 107–110.
28 Hegel 1999: 254s. Por desgracia, la traducción de Juan Garzón Bates en la
    colección Nuestros Clásicos (México 1975) no capta con precisión la oralidad
    teatral del pasaje original.

instituciones de la realidad socio-histórica y – gozando de sí mismo – se observa a sí mismo como otro.

Ya con sus primeros sainetes cómicos *La princesa doña Lambra* y *La difunta* (ambos de 1909), el teatro de Unamuno expresará lo que Andrés Franco ha denominado "el sentimiento cómico de la vida".[29] Cuando, en el período entre 1962 y 1963, los dos sainetes volvieron a las tablas del teatro María Guerrero de Madrid, el crítico Rafael Vázquez Zamora enfatizó la "estupenda muestra del genio cómico de Unamuno (en él hubo siempre brillantes salidas a la farsa)".[30] En *O lo uno o lo otro, La repetición* o *El concepto de la angustia* (1844), Kierkegaard también había aludido a los gestos hiperbólicos de la farsa, la ópera y el vodevil: espectáculos alejados de la moderación didáctica del teatro neoclásico y más bien imbricados con tradiciones medievales (como el amor a la estatua en *La princesa doña Lambra*) o los modelos híbridos y de marcado carácter paródico de la comedia plautina.

De hecho, en *Los dos Menecmos* (aventura de unos hermanos gemelos separados y reunidos después de haber sido tomados por una sola persona) y *Anfitrión* (doble embarazo de Alcmena causado por Anfitrión, su marido legítimo, y Júpiter, mutado en el doble de Anfitrión), Plauto († 184 a. de C.) proporciona los modelos más clásicos – mas de ningún modo clasicistas – de aparentes desdoblamientos de la misma persona. Se mantienen, como veremos, confrontaciones paradójicas consigo mismo, celos tormentosos y travestismo donjuanesco.

Vale la pena detenerse en el ejemplo de *Anfitrión*, que no representa en exclusiva el prototipo de un enredo de personajes desdoblados (interpretable tan solo con actores enmascarados); también ejemplifica a la perfección la hibridez genérica de la (tragi)comedia. La contaminación de los géneros queda reflejada en dioses disfrazados (Mercurio se convierte en esclavo) e individuos únicos, heroicos y masculinos desdoblados:

"Mercurio: Ahora os voy a decir, primero a qué he venido y después os explicaré el argumento de esta tragedia. Pero bueno, ¿qué pasa?, ¿fruncís el ceño porque he dicho que iba a ser una tragedia? Nada, no hay que apurarse, soy un dios, la

---

29 Franco 1971: 99.
30 Cit. Franco 1971: 32. No sorprende que, dos años antes, la crítica franquista hubiera condenado la falta "de sentido verista", "una crudeza y una inmoralidad repugnantes" en *El Otro* (cit. Franco 1971: 30, nota 23).

transformaré; si es que estáis de acuerdo, la volveré de tragedia en comedia sin cambiar un solo de verso. ¿Queréis, sí o no? Pero tonto de mí, de preguntároslo, como si no supiera lo que queréis, siendo un dios. Ya sé lo que os gustaría: haré una mezcla, una tragicomedia; no, es que hacer que sea todo el tiempo una comedia, viniendo reyes y dioses, la verdad, no me parece ni medio bien. Vamos a ver, como también hay un papel de esclavo, haré que sea una tragicomedia, como acabo de decir."[31]

Como catedrático de filología clásica, Unamuno no era ajeno a las inversiones genéricas ni al *kynikós trópos*, los ataques al *philosophus gloriosus* también inherentes al desdoblamiento y travestismo plautino.[32] Además, la recepción de la sátira menipea y la comedia plautina no se limitaban al Siglo de Oro. Durante su exilio madrileño entre 1914 y 1924, Alfonso Reyes se dedicó a rescatar y difundir la obra del escritor novohispano Juan Ruiz de Alarcón (1580/81–1639), autor de la comedia muy plautina *El semejante a sí mismo* (en torno a 1608).[33] En 1918, el propio Unamuno había publicado el relato *Artemio, heautontimoroumenos*, retomando el tópico paradójico y tragicómico de la autoenvidia, muy presente en *El semejante a sí mismo*, pero también en *La celosa de sí misma* (Tirso de Molina, en torno a 1622).

A pesar del notable anacronismo de tal afirmación, no sería del todo falso subrayar que – con sus identidades confundidas y hundidas en los celos, la melancolía y el escepticismo – la comedia de enredos áurea casi llega a encasillar, *avant la lettre*, las peripecias desesperadas de la "consciencia desventurada" hegeliana.[34] Si bien la comedia de enredos fue rescatada

---

31 Plauto 1992: versos 50–64.
32 El título del artículo de Schulte (1994), *The Importance of Being Earnest*, alude a una comedia de enredos de Oscar Wilde (1895). Aquí también, el teatro se burla de cierto horizonte de expectativas del público burgués: la voluntad absoluta (filosófica) de reflexionar en serio.
33 En 1913, Pedro Henríquez Ureña impartió una conferencia sobre Juan Ruiz de Alarcón en México (publicada en la revista *Nosotros* en marzo del 1914). Entre 1916 y 1918, Alfonso Reyes edita obras de Ruiz de Alarcón y publica varios ensayos al respecto.
34 Vinculada con la melancolía de una subjetividad desorientada, la erótica y los celos, la comedia de enredos se ha considerado una variante de la comedia palatina o urbana. También mantiene un vínculo con la novelística *all'italiana*, como se puede ver en textos paradigmáticos como *El curioso impertinente*. Franco, al discutir los antecedentes de *El Otro*, no la menciona (véase Franco 1971: 223s.).

en el ámbito filológico a principios del siglo XX, también se reprodujo en el teatro popular de las urbes europeas.[35] Sin duda alguna, la comedia de enredos tuvo un impacto sustancial en la producción teatral unamuniana, con sus "brillantes salidas a la farsa" (Vázquez Zamora).

Volviendo a la comedia romana, en el siguiente diálogo de *Anfitrión* pueden percibirse con claridad las múltiples similitudes con un diálogo unamuniano. Cuando el amo (Anfitrión) y su esclavo (Sosia) regresan a casa, los hombres se han desdoblado. Júpiter ha mutado en Anfitrión, Mercurio en Sosia y Alcmena se ve atrapada en un dilema de fidelidad matrimonial subjetiva e infidelidad objetiva. Cuando el verdadero Sosia intenta explicar a su verdadero amo, todavía incrédulo, el primer encuentro consigo mismo, nace un diálogo burlesco:

> "So.–Estaba yo allí delante de la puerta mucho antes de haber llegado.
>
> An.–¡Maldición! ¿Qué bromas son ésas? ¿Estás en tu juicio?
>
> So.–Estoy así como ves. [...]
>
> An.–¿Quién te ha pegado?
>
> So.–Yo mismo a mí mismo, que estoy allí en casa. [...]
>
> An.–Yo desde luego tengo más que bastante contigo solo, ni he tenido en mi vida otro esclavo Sosia, aparte de ti.
>
> So.–Pero yo ahora, Anfitrión, te digo: ya verás, como cuando llegues a casa, te encuentras allí otro esclavo Sosia aparte de mí, digo, hijo de Davo lo mismo que yo, con mi misma facha y la misma edad que yo. ¿Qué quieres que te diga? Tú tienes ahora un doble Sosia. [...]
>
> An.–No sea que es que hayas visto a ese Sosia en sueños."[36]

Saltan a la vista los paralelismos con *El Otro*: en el diálogo, Sosia interpreta su desdoblamiento como si se tratase de un gemelo o doble parentesco de su padre Davo: "nos hemos duplicado [*congeminauimus*]", concluirá, aludiendo a un doble acto de nacimiento.[37] El motivo de los niños gemelos aludirá, asimismo, a la supuesta infidelidad de Alcmena. Hasta que Júpiter aclare la situación como *deus ex machina*, ella tendrá dos maridos idénticos. También dará a luz a dos hijos.

---

35 Como será el caso de *El semejante a sí mismo,* comedia refundida y arreglada por Xavier Cabello y Lapiedra y Diego Sanjosé; Madrid, 1908.

36 Plauto 1992: versos 603–621. Molière mantendrá ese diálogo clave en su *Amphitryon* de 1668.

37 Plauto 1992: verso 786.

El fracaso del lenguaje proposicional: el sujeto enredado en *El Otro*

Para cerrar el argumento del presente artículo, haremos una última referencia a un filósofo alemán interesado en las condiciones y limitaciones de la subjetividad estable. Siguiendo los trazos generales de la ética aristotélica –también muy presentes en Hegel– Ernst Tugendhat, en su *Egocentricidad y mística* (1997/2004), enfatiza la magnitud con que nuestra imputabilidad ética depende del lenguaje proposicional. En otras palabras, conceptos clave de la ética como la imputabilidad, la responsabilidad y la voluntad quedan subordinados a la capacidad cognitiva "de los que dicen «yo»" (es decir, los seres humanos con facultades cognitivas y lingüísticas normales y desarrolladas) para referirse con claridad a sí mismos y a otros:[38]

> "A puede identificar a B solamente si sabe cuál de las diferentes personas es la que habla. Así como B se puede referir al escarabajo diciendo que es el escarabajo al que señala, A sólo puede saber a qué escarabajo se señala cuando identifica a B como este hombre (en tal y cual lugar). Ahora bien, el sistema entero de identificación sólo resulta comprensible para un hablante, si además puede hacer referencia a sí mismo. [...] El hablante no es algo en su entorno."[39]

Sin embargo, la imputabilidad no es la única que depende de esta facultad (auto)referencial y predicativa del lenguaje proposicional humano, anclado en el sujeto como hablante competente.[40] El lenguaje proposicional comporta implicaciones para la deixis espacio-temporal y, sobre todo, para "el hecho de que los seres humanos *se preocupan por sí mismos*".[41] Ostenta a la vez, en términos filosóficos, cualidades ontológicas (nos orienta en el mundo) y éticas (personales y prácticas).

Como hemos visto en el apartado anterior, es justo el lenguaje proposicional el que fracasa en las comedias de desdoblamiento plautinas y en las comedias de enredos áureas. En *El Otro*, obra a medio camino entre

---

38 Tugendhat 2004: 10.
39 Tugendhat 2004: 25s.
40 "The first-person concept fixes the locus of responsibility" (cit. en Tugendhat 2004: 54).
41 Tugendhat 2004: 36 (la *Sorge* de Heidegger).

"espanto" y "misterio"[42], el nudo dramático (despojado ya de desenlace) expone también un efecto multiplicativo de un mismo personaje. La presencia de los gemelos Cosme y Damián, además de desorientar a Laura, que nunca llega a distinguirlos, introduce una variante absurda de los amores encadenados bucólicos o burlescos: una estructura triangular en la que ambos hombres (idénticos) desean a la mujer y ella está dispuesta a aceptar la mano de cualquiera de los dos (que es una única, en verdad):

"Laura: Enamoráronse [Cosme y Damián] de mí, frenéticamente, de donde nació un íntimo odio, por celos, entre ellos, un odio fraternal y entrañable. Como yo no los distinguía –ni una señal visible que los diferenciara–, no tenía por qué preferir el uno al otro, y, además, era un peligro que casándome con el uno se quedase el otro cerca…"[43]

Más adelante, cuando Cosme mata a su hermano Damián, o viceversa, no quedan reducidas ambas existencias a una sola. Se trata poco menos que de un reflejo personificado de la aporía mística de la Santa Trinidad, ya que el único superviviente del homicidio se multiplica y se desdobla en sí mismo. En una reseña publicada en la *Hoja Literaria* de Madrid (1933), María Zambrano opinará que "*El Otro* es Dios, y así la tragedia de Unamuno nos lleva a este punto metafísico de confluencia entre Dios, el hombre y ese terrible ser sin figura."[44] Este desdoblamiento de la existencia única dará como resultado el fracaso total del lenguaje (auto)referencial y predicativo. Tras el homicidio, el personaje denominado Otro en las acotaciones no solo lleva a otro "dentro de sí".[45] Al igual que en la comedia plautina y las comedias de enredos áureas, la ruptura de la unidad egocéntrica conlleva, en primera instancia, el colapso de la deixis espacio-temporal:

"Otro: ¡Empiezo! Hará de esto…, no me acuerdo… Tu hermana, mi mujer, se fue a arreglar unos asuntos de familia, y yo la dejé ir sola porque deseaba quedarme solo, revisar papeles, quemar recuerdos, hacer abono de la ceniza en la memoria… Necesitaba hacer cuentas, ponerme en paz conmigo mismo. Y un atardecer, estando aquí donde estoy…, pero ¿estoy aquí?

---

42 Unamuno 1959: 810. Ver también el título completo de la obra: *El Otro. Misterio en tres jornadas y un epílogo.*
43 Unamuno 1959: 811. Surge otra vez, como en las obras nombradas de Plauto, el motivo clásico del deseo sexual femenino y los gemelos.
44 Zambrano 2003: 148.
45 Unamuno 1959: 801.

Ernesto: Cálmate, Cosme.
Otro: ¡El otro, el otro!"[46]

Estamos, como ya hemos indicado, ante un fracaso paradigmático de la introspección o contemplación ascética y la preocupación filosófica por uno mismo ("hacer cuentas, ponerme en paz conmigo mismo"). La identidad y la otredad no se despliegan dialécticamente, sino que desembocan en una fusión por completo imprevisible entre los hermanos gemelos rabiosamente celosos. Más allá de la interpretación bíblica que nos sugiere la propia obra (Caín y Abel, Esaú y Jacob), el derrumbe de la fuerza referencial de los pronombres personales implica, asimismo, una crítica fundamental a la idea de "dar razones", a la existencia de una explicación racional para el caso en cuestión ("¡Ahora, ama, la verdad, toda la verdad!"[47]):

> "Ernesto: Su Damián, señora, o el otro, tu Cosme, Laura, está muerto y encerrado a oscuras en la bodega. (*Al Otro.*) ¡Asesino! ¡Fratricida!
> Otro: (*Cruzándose de brazos.*) ¿Yo? ¿Asesino yo? Pero ¿quién soy yo? ¿Quién es el asesino? ¿Quién es el asesinado? ¿Quién el verdugo? ¿Quién la víctima? ¿Quién Caín? ¿Quién Abel? ¿Quién soy yo, Cosme o Damián? Sí, estalló el misterio, se ha puesto a razón la locura, se ha dado a luz la sombra."[48]

Aquí, Caín y Abel se han vuelto indistinguibles. Concluiremos, pues, que el fracaso del lenguaje proposicional no se limita a un "misterio" metafísico (el despliegue de la identidad en la diferencia o de la diferencia en la identidad), sino que entraña además un problema ético (de imputabilidad y preocupación por uno mismo). Por consiguiente, nos queda la proliferación de un lenguaje repetitivo y agónico, aunque al mismo tiempo hiperbólicamente burlesco. De este modo, siguiendo tanto el ejemplo de la comedia plautina como el de la comedia de enredos áurea y sus refundiciones modernas, Unamuno erige el Yo teatralizado como crítica contra la filosofía. En concreto, sus sainetes y *El Otro* permiten precisar su posición frente a la filosofía hegeliana y apuntan ya, entre otros aspectos, hacia las subjetividades paradójicas de la posmodernidad francesa y las neo-vanguardias latinoamericanas.

---

46 Unamuno 1959: 802.
47 Unamuno 1959: 810.
48 Unamuno 1959: 816.

Bibliografía

Abellán, José Luis (1979–1991): *Historia crítica del pensamiento español* (7 vols.). Madrid: Espasa-Calpe.

Badiou, Alain y Nancy, Jean-Luc (2017): *Deutsche Philosophie. Ein Dialog.* Berlín: Matthes & Seitz.

Castro Sánchez, Álvaro (2014): "¿Qué es un 'filósofo español'? El segundo exilio de los filósofos españoles tras la Guerra Civil". En: Michel Boeglin (ed.): *Exils et mémoires de l'exil dans le monde ibérique (XIIᵉ–XXIᵉ siècles) / Exilios y memorias del exilio en el mundo ibérico (siglos XII–XXI)*. Bruselas: Peter Lang, pp. 243–261.

Descombes, Vincent (1979): *Le même et l'autre. Quarante-cinq ans de philosophie française (1933–1978)*. París: Les Éditions de Minuit.

Ette, Ottmar (2008 [2001]): *Literatura en movimiento: espacio de dinámica de una escritura transgresora de fronteras en Europa y América*. Madrid: CSIC.

Evans, Jan E. (2005): *Unamuno and Kierkegaard: Paths to Selfhood in Fiction*. Oxford: Lexington Books.

Franco, Andrés (1971): *El teatro de Unamuno*. Madrid: Ínsula.

Frost, Elsa Cecilia (1989): "Los filósofos de la UNAM". En: José Luis Abellán (ed.): *El pensamiento español contemporáneo* (vol. 2). Barcelona: Anthropos, pp. 215–224.

Hegel, G. W. Friedrich (1966 [1807]): *Fenomenología del espíritu*. Traducción de Wenceslao Roces. México: Fondo de Cultura Económica.

Hegel, G. W. Friedrich (1999): *Principios de la filosofía del derecho o derecho natural y ciencia política*. Traducción y prólogo de Juan Luis Vermal. Barcelona/Buenos Aires: edhasa.

Löwith, Karl (2008 [1941]): *De Hegel a Nietzsche. La quiebra revolucionaria del pensamiento en el siglo XIX*. Buenos Aires/Madrid: Katz editores.

Maceiras Fafián, Manuel et al. (2002): *Pensamiento filosófico español* (2 vols.). Madrid: Editorial Síntesis.

Plauto (1992): *Comedias I*. Introducción, traducción y notas de Mercedes González-Haba. Madrid: Gredos.

Ribas Ribas, Pedro (1994): "Unamuno, lector de Hegel". En: *Cuadernos de la Cátedra Miguel de Unamuno* 29, pp. 111–121.

Salcedo, Emilio (2005): *Vida de Don Miguel (Unamuno, un hombre en lucha con su leyenda)*. Salamanca: Anthema.

Schulte, Christoph (1994): "Hegel's Contempt or The Importance of Being Earnest in Moral Philosophy". En: Leona Toker (ed.): *Commitment in Reflection. Essays in Literature and Moral Philosophy*. Nueva York/ Londres: Garland, pp. 25–44.

Stärk, Ekkehard (1982): "Die Geschichte des Amphytrionstoffes vor Plautus". En: *Rheinisches Museum für Philologie* 125, pp. 275–303.

Struve, Wolfgang (1948): "Die neuzeitliche Philosophie als Metaphysik der Subjektivität. Interpretationen zu Kierkegaard und Nietzsche". En: *Symposion: Jahrbuch für Philosophie* 1, pp. 207–336.

Tugendhat, Ernst (2004 [1997]): *Egocentricidad y mística. Un estudio antropológico*. Traducción de Mauricio Suárez Crothers. Barcelona: Gedisa.

Unamuno, Miguel de (1959 [1926]): "El Otro". En: Miguel de Unamuno: *Teatro completo*. Prólogo, edición y notas bibliográficas de Manuel García Blanco. Madrid: Aguilar, pp. 795–854.

Unamuno, Miguel de (1990 [1914]): *Niebla*. Madrid: Espasa Calpe (Colección Austral).

Unamuno, Miguel de (1999 [1913]): *Del sentimiento trágico de la vida. En los hombres y en los pueblos*. Madrid: Biblioteca Nueva.

Unamuno, Miguel de (2000 [1931/1927]): *San Manuel bueno, mártir. Cómo se hace una novela*. Madrid: Alianza Editorial (Biblioteca de autor).

Villacañas Berlanga, José Luis (1999): *La filosofía del idealismo alemán* (2 vols.). Madrid: Editorial Síntesis.

Zambrano, María (2003): *Unamuno*. Edición e introducción de Mercedes Gómez Blesa. Barcelona: Random House Mondadori/Debate.

Los autores y las autoras

Rike Bolte, doctorada por la Universidad Humboldt de Berlín, actualmente es profesora de Literaturas Hispánicas, Francófonas y Germanófonas en el Departamento de Humanidades y Filosofía de la Universidad del Norte, Barranquilla. Sus áreas de investigación son los estudios de la memoria, las escrituras poéticas y la ecocrítica. Además, es traductora y directora del festival de poesía latinoamericana "Latinale" en Berlín. Últimas publicaciones en el área de la poesía hispanófona: "Voces en off: sobre el desplazamiento del decir poético frente a la violencia. *Manca* de Juana Adcock y *Antígona González* de Sara Uribe", en: *Tintas. Quaderni di letterature iberiche e iberoamericane* 7 (2017), pp. 59–79; "World literature a lomo de burro: sobre la universalidad y la medialidad de las fórmulas poéticas de *Platero y yo (elegía andaluza)* (1914)", en: J. Locane y G. Müller (eds.): *Poesía española en el mundo. Procesos de filtrado, selección y canonización,* 2017, pp. 61–80; "Hugo Friedrich neu lesen: Negativität als zu präzisierendes Prinzip moderner Poetizität", en: T. Kraft et al. (eds.): *Romanistik in Bewegung,* 2017, pp. 48–64.

Berit Callsen es catedrática ("Juniorprofessorin") de Ciencias Culturales Románicas en la Universidad de Osnabrück. Sus enfoques de investigación son: la visualidad literaria en una perspectiva interdisciplinar, representaciones de corporalidad en la literatura latinoamericana del siglo XXI y constituciones del sujeto en la modernidad española. Entre sus publicaciones están: *Mit anderen Augen sehen. Aisthetische Poetiken in der französischen und mexikanischen Literatur (1963–1984),* 2014; *Bilder-Texte-Bewegungen. Interdisziplinäre Perspektiven auf Visualität,* 2016 (editado con Sandra Hettmann y Yolanda Melgar Pernías) y "Escrituras del yo en la obra poética de Miguel de Unamuno", en: J. Locane y G. Müller (eds.): *Poesía española en el mundo. Procesos de filtrado, selección y canonización,* 2017, pp. 257–271.

Manuel García Serrano es "Privatdozent" en el Departamento de Romanística de la Universidad de Kassel y autor, entre otras obras, de *Contornos y adentros. Ensayos kantianos de filosofía*, 2000 y de *Ficción y conocimiento. Filosofía e imaginación en Unamuno, Borges y* Ortega, 2014. Ha escrito numerosos artículos sobre la teoría de la interpretación, la base narrativa de la identidad personal, los vínculos entre moral e imaginación literaria, las diferencias y afinidades entre 'res factae' y 'res fictae', y las correspondencias, dentro de la tradición moderna, entre la reflexividad de la ficción poética y la de la filosofía. Próximamente publicará una larga investigación en la que se agruparán estos temas.

Mark Minnes estudió la carrera de Romanística (filología francesa y española) y Filosofía en las Universidades de Würzburg, la Complutense de Madrid y Potsdam, donde se graduó. Durante varios años, fue traductor y periodista en Berlín y Brandemburgo. Desde el año 2011, es docente de Literatura Española y Latinoamericana en la Universidad de Hannover (en la cátedra de Anja Bandau). Trabaja relaciones estéticas transatlánticas, como demuestra *Ein atlantisches Siglo de Oro. Literatur und ozeanische Bewegung im frühen 17. Jahrhundert*, 2017. En la misma línea, mientras se publica el presente libro, sigue en la Universidad de Hannover como director del proyecto de investigación *Transatlantische Theorienetzwerke*.

Jan-Henrik Witthaus es catedrático de Literatura Española e Hispanoamericana en la Universidad de Kassel. En el centro de su investigación se encuentran temas como la representación de mundos sociales en la novela latinoamericana contemporánea, la representación del poder en la novela del dictador, literatura y cultura de la Ilustración en España y Francia, literatura científica en España y Francia. Publicaciones selectas: *Sozialisation der Kritik im Spanien des aufklärten Absolutismus*, 2012 [*La socialización de la crítica en la España del Despotismo Ilustrado*, tesis de "Habilitation"]; con Christian von Tschilschke: *El otro colonialismo. España y África, entre imaginación e* historia, 2017; en preparación con Angela Schrott: *Crisis e identidad. Perspectivas interdisciplinarias desde América Latina*, 2019.

www.ingramcontent.com/pod-product-compliance
Lightning Source LLC
Chambersburg PA
CBHW030245100426
42812CB00002B/326